De Psiquiatras y Chamanes

Manuel Fernández

Para Conchis, Ale y Ceci

INDICE

Parte 1: Historias de vida
1. Alcohólico desde niño
2. Mi infancia
3. La actuación, mi pasión
4. Un regio en Londres
5. De Londres a Monterrey
6. En la publicidad y la política
7. Mi problema de alcoholismo
8. En San Diego con Chopra
9. Adictos, la película
10. ¡Agáchate, nos van a matar!
11. Entre chamanes y la ayahuasca
12. Sana, mi consultorio

Parte 2: Mi familia, ensayos y fragmentos

Mi familia
Conchis, mi maestra
Mis hijas, mi salvación

Ensayos de vida
Mi relación con Dios
Diagnóstico: Cáncer
El Maldito Miedo
Quítate las culpas
Perdón y Aceptación

El Poder del Guerrero
Neutralizar y disolver el ego
Pasado, presente… y ego
Dios es tu socio
Nuestra relación con el dinero
Atreverse al riesgo
Vivir con Coraje

Fragmentos

Fracasa: para los jaguares de la vida
Compártenos tu luz
Reclama tu poder vía el perdón
Crisis y metamorfosis
Solo por existir, ya eres un triunfador
Los locos cambiamos al mundo
Salte de la zona de confort
La noche oscura del alma
Los rostros del miedo
La tenacidad frente a la obstinación
Bendición Náhuatl
Alma Rebelde
La co-dependencia: una prisión
La imperfección de nuestra humanidad
Nada es personal
Ho'oponopono

Epílogo
Agradecimientos
Bibliografía

Prefacio

En el universo de las experiencias humanas hay individuos cuya resiliencia y capacidad para renacer de las cenizas resplandecen como faros en medio de la oscuridad. Esos faros sirven de guía para aquellos que atravesamos una crisis. Manuel Fernández, mi querido amigo y consultor existencial, ha sido uno de esos faros.

A lo largo de mi vida he luchado con procesos adictivos. Durante mucho tiempo había buscado la forma de ponerle un alto a mi consumo de alcohol y drogas. En diciembre 2017 visité Argentina acompañado de la familia de mis tíos, por obra de Dios hice una excursión montañista con mi primo Adrián en donde él, sin saberlo en ese momento, me paso un mensaje importante.

En ese puente de comunicación que se produce cuando dos personas abren su corazón, Adrián me compartió que él también sufría de adicciones y que un consultor de nombre Manuel Fernández lo había logrado ayudar. Al regresar a Monterrey lo primero que hice fue pedirle su teléfono. Yo estaba buscando en un mar de consumo una playa en la cual encallar.

Aún recuerdo la primera vez que vi "el pizarrón", un pequeño *whiteboard* de no más de 50 centímetros que descansaba en el sillón de su consultorio en Palo Blanco. Con tinta negra, letra de molde y en mayúsculas se leía un mensaje que reflejaba la regla de oro: **CERO ALCOHOL.**

Aunque a mi nunca me lo dijo directamente sé que Manuel tiene una política de no bullshit: "Ni pierdas mi tiempo ni pierdas tu dinero".

Manuel ha visto de primera mano no solo a cientos, sino a miles de adictos que conscientes de su condición buscan una solución. A algunos de ellos les ha podido ayudar gracias a que cumplen el principal requisito: están desesperados por encontrar una solución y dispuestos a hacer lo que sea… lo que sea.

Dice Manuel: "El sufrimiento tiene una sola función, la saturación." Somos aquellos que hemos tocado el punto de bifurcación a quienes Manuel ha logrado ayudar. Desde entonces me ha acompañado en momentos cruciales de mi vida. Estoy profundamente agradecido con la vida por ponerme enfrente a una persona que primero te escucha con compasión y después te habla con experiencia. Es una mezcla difícil de encontrar.

A nivel personal, este singular consultor ha transitado por senderos inusuales: atravesando momentos de gloria y territorios escabrosos. Estudió teatro en Londres, fue un exitoso empresario en el mundo de la publicidad y se enfrentó al alcoholismo así como a una adicción a la comida. Como empresario hizo millones y los perdió todos. Después los volvió a hacer y los volvió a perder estrellándose con una segunda crisis en donde el universo además de recetarle la pérdida de todo lo material le sacudió el espíritu.

Fue precisamente esta sacudida espiritual lo que catapultó a Manuel a emprender su viaje más importante: el viaje al interior. Sí, hizo retiros de meditación con Deepak Chopra y se fue a hacer ceremonias de ayahuasca en la jungla de Perú, pero lo que más me parece desafiante fue que decidió encerrarse un año en un pequeño estudio ubicado en el segundo nivel de su casa. Una especie de oda al ostracismo. Ahí comenzó a poner en práctica lo que durante tiempo había venido estudiando de maestros como David R. Hawkins, Pamela Kribbe, Neville Goddard, Alan Watts, entre muchos otros.

Manuel me enseño esta frase de Franz Kafka:

"No es necesario que salgas de casa. Quédate a tu mesa y escucha. Ni siquiera escuches, espera solamente. Ni siquiera esperes, quédate completamente solo y en silencio. El mundo llegará a ti para hacerse desenmascarar, no puede dejar de hacerlo, se prosternará extático a tus pies."

Hoy entiendo que esta frase significa mucho para él, ya que la vivió en carne propia pues de ese retiro de un año salió transformado.

Los verdaderos tesoros humanos son testimonios que nos recuerdan que somos seres capaces de reinventarnos, de resurgir con fuerza y determinación, y de trascender los límites impuestos por las circunstancias. Si tú te encuentras en la oscuridad de la incertidumbre, si el mundo parece sumido en una vorágine de desafíos y adversidades, entonces estás en donde la verdadera grandeza del espíritu humano emerge.

Este libro es una invitación a sumergirse en el universo de Manuel Fernández, a explorar sus aventuras y a dejarse llevar por su energía transformadora. En sus páginas descubrirás una combinación de experiencia y filosofía de vida. Estas enseñanzas te guiarán en tu propio viaje de auto-descubrimiento y transformación y te brindarán las herramientas necesarias para manifestar una realidad plena y significativa.

Permítele ser tu compañero.

Rogelio Guerrero

Parte I

Historias de Vida

1. Alcohólico desde niño

La primera vez que me emborraché, perdí el conocimiento. Estudiaba tercero de secundaria, tendría unos quince años. Esa vez nos fuimos a un rancho dos amigos y yo. Solo recuerdo el nombre de uno de ellos. Del otro no me acuerdo ni tan siquiera de su rostro. Compramos cerveza y los tres teníamos la intención de perdernos. Queríamos saber qué se sentía. Me supo terrible, pero el efecto de no sentir nada me gustaba.

No era la primera vez que tomaba. De hecho, empecé a tomar alcohol a los diez años. Había un carrito en la sala de mi casa con diferentes botellas. Entre ellas había un licor que se llama Oporto Álamo. El nombre no lo olvido. Cuando lo tomé por vez primera se esfumó la sensación de tristeza que me perseguía, que tenía impregnada desde que nací.

Llegué a un hogar disfuncional. Soy el menor de cuatro. Antes de llegar a la vida ya conocía los nombres de mis hermanos. Mi mamá los gritaba constantemente. Me dijo un terapeuta: "Recuerda tu primera emoción". Sin dudar le dije: "Miedo". Antes de nacer ya lo experimentaba. Estando ya encarnado, era demasiado tarde, había que continuar y así lo hice. Después me enteré de que mi madre había tenido uno o dos abortos antes que yo. Me encomendaron a un santo, San Gerardo, cuidador de niños, para que yo viniera a este mundo. Ahora soy consciente que tuve que usar toda mi fuerza para nacer porque no quería. Solo me faltaba por vivir esta vida —ya llevo vividas muchas— para experimentar mi última lección: la locura.

Mi padre

Desde niño me gustaba el arte. Esto no era bien visto por mi padre, un médico reconocido en la ciudad. Nació en Montemorelos, un pueblo caliente y agreste. Su padre, mi abuelo, fue dueño de tierras naranjeras, gasolineras y comercios. Él era alcohólico y hasta muchos años después no supe que la enfermedad era hereditaria. Pero la tendencia en mi familia era la de nunca revelar nada. No decir nada, todo había que callárselo.

Éramos una familia "perfecta" según los cánones de la sociedad de Monterrey. Yo quería ser locutor. Una

Navidad me regalaron una grabadora de cassettes con un micrófono; yo narraba historias y reproducía música en una tornamesa desvencijada. Fueron mis primeras producciones.

A veces me llevaban a un teatro en Monterrey. Me gustaba como olía, el color verde de las butacas, al igual que el pesado telón. Cuando se abría este último yo entraba a otro mundo. A un mundo de fantasía, de mentiras quizás, pero era un respiro a la asfixia que me producía la vida.

Quería conectar con mi padre, pero todos mis esfuerzos fueron estériles. Un hijo sensible, un actor, era impensable en una familia que a toda costa tenía que ser normal. Lo paradójico fue que él era aficionado a las manifestaciones artísticas. Hablaba de los grandes pintores, compositores y escritores. Pero eso era para otra estirpe.

Aquí había que ser "normal", entrar a la madurez y a la adultez temprana. No podíamos jugar a ser otra cosa que no fuera la imagen del protocolo dictado por la sociedad. Abrazarlo era imposible. "Quítate", me decía, "los hombres no besan". Cada viaje a

Montemorelos era un infierno. Casas decrépitas, grifos oxidados, cerrojos que chirriaban, olor a alcanfor, armarios húmedos, mosaicos mohosos, un calor insoportable que quemaba la piel y los pulmones.

También lidiar con camas sucias y resortes ruidosos, cobijas raídas, tías solteras, primos desconocidos, caminatas entre los naranjos tropezando entre los terrones. Y era calor y más calor, sudor ácido y sarpullidos en el cuello. Recuerdo que al pelar las naranjas soltaban una especie de vapor que ardía en las manos. Pero había que comer justo ahí, entre la tierra y el sol insoportable, para saber de qué se trataba la vida, para hacerte hombre.

Mi madre

Mi madre estudió en un colegio de monjas, El Sagrado Corazón de Jesús, en la colonia El Obispado, donde vivía la alta sociedad aristocrática de Monterrey. La escuela también era conocida como "El Colegio de Las Damas", ya que solo tenían acceso las mujeres de alcurnia.

La religión se nos inculcó como mandato. Había que seguir los dictados divinos: rezo, confesión, catecismo, primera comunión y asistencia a misa los domingos. "Tienes que ir, aunque no quieras, Dios te pide que vayas media hora nada más". La misa siempre duraba mucho más, el tiempo corría lento. Me daba miedo ver a un Cristo crucificado, colgando desde lo alto, pero obedecía.

A veces me iba a pie desde mi casa a la Iglesia de Fátima, a pedir que se me quitara el miedo. No me concedían el deseo. Se vivía una ambivalencia en la casa; aunque había que obedecer el mandato de la religión, se practicaba poco la compasión ya que el ejemplo que predominaba era el de una madre cruel y un padre ausente.

Así como mi madre podía asfixiarme de amor, al instante podía golpearme con el más despiadado comentario o mostrar un insoportable desdén. Mi padre siempre se mantuvo al margen de lo que sucedía, lo veía todo de soslayo, tapiado en su silencio.

Mi madre gritaba todo el tiempo, fumaba en cadena, a pesar de estar casada con un neumólogo. El trato que tenía con las personas humildes que nos ayudaban era duro. Para ella no existía más que su apellido, incluso sobre el nuestro. Su descalificación era incesante. No existía nada más que su estirpe y su linaje, el nuestro no existía. Ser Sepúlveda significaba ser aristocrático, ser Fernández representaba ser plebeyo.

2. Mi infancia

Mis problemas y encontronazos con la vida comenzaron cuando cursaba la pre-primaria, una etapa en la que la inocencia debería ser la protagonista, pero para mí representó el comienzo de un largo y tortuoso periodo. Desde entonces, la vida se convirtió en una serie de eventos desafiantes que moldearon mi personalidad de una manera que nunca hubiera imaginado. La escuela, que para muchos niños es un lugar de aprendizaje y diversión, se transformó en mi campo de batalla personal, un lugar donde cada día era una lucha por sobrevivir emocionalmente.

En aquellos días de pre-primaria, la figura de autoridad en la escuela en la que me inscribieron mis padres era la madre superiora, una mujer de carácter férreo y métodos educativos severos. Su presencia imponía un miedo profundo, no solo en mí, sino en todos los niños. Los castigos eran habituales y, a menudo, humillantes. Estaban perfectamente diseñados para dejar una marca indeleble en nuestras jóvenes mentes. Esta exposición temprana a una figura femenina tan dura y tan desprovista de empatía empezó a distorsionar mi percepción de las mujeres y del mundo en general.

Esta distorsión se agravó a medida que crecía como niño y más tarde como puberto. La adolescencia, una época ya complicada por sí misma, se convirtió en un laberinto de confusión y aislamiento. Mientras mis compañeros se abrían paso en el mundo social, yo me encerraba cada vez más en mi caparazón. La idea de ser vulnerable o de mostrar mis sentimientos se sentía como una invitación al dolor y al rechazo. Esta barrera emocional, que inicialmente era un mecanismo de defensa, se transformó gradualmente en una parte integral de quién era yo, afectando todas mis relaciones y mi visión de la vida.

Durante toda mi adolescencia yo había permanecido aislado de la sociedad, sentía que tenía que actuar, hacer un personaje duro, adusto, alguien que no podía platicar, no podía hablar de sus sentimientos y al mismo tiempo no podía recibir ningún tipo de amor. En algunas ocasiones se me acercaban las mujeres para tratar de relacionarse conmigo y, sin embargo, yo las rechazaba. Muchos años después me di cuenta de que me había convertido en un misógino, un hombre un tanto cruel con las mujeres.

Para mí, la imagen de la mujer estaba totalmente distorsionada y quería entender por qué. Cuando cursé la pre-primaria, me chocaba la actitud de las religiosas de la escuela, unas mujeres asexuadas y crueles. El castigo predilecto de la madre superiora era exponerme en el salón de las niñas cuando me accidentaba por la incontinencia. Después de esto me llevaban a la lavandería para lavar mis pantalones y la ropa interior. El castigo adicional: Tenía que permanecer ahí hasta que se secara, desnudo en un rincón.

Al inicio de las clases, la madre superiora gozaba con su deporte preferido: Golpearnos en la cabeza con una inmensa campana. Me acostumbré a sufrir, llegué a pensar que así era la vida, que no había forma de ser una persona alegre, feliz y estar en paz. No comprendía qué estaba haciendo yo en la Tierra y porqué estaba vivo. Para mí, desde la niñez, este planeta representaba un infierno. Yo solamente esperaba que llegara el medio día para poderme ir a refugiar a mi casa y estar acompañado por mi mejor amiga: la soledad.

Recuerdo muy bien que uno de los momentos más aterradores de mi día escolar típico lo representaba el recreo. Si bien el salón de clases llegaba a ser angustiante, me encontraba de cierta manera en un espacio de seguridad simplemente por estar sentado en mi pupitre, sin siquiera moverme para no llamar la atención, aunque en el fondo yo lo que quería era desaparecer.

Había ocasiones en que se me salían las lágrimas sin ninguna razón. Las monjas se lo reportaban a mi madre y ella montaba en cólera y me decía: "¿Por qué estás triste si tienes todo?". Y yo simplemente le respondía que no sabía.

Me dolía el estómago. Si acaso tenía un momento de tranquilidad era cuando me acompañaba Rosa, mi nana, una mujer bondadosa, amorosa, que en muchas ocasiones su mejor muestra de cariño era rascarme la espalda. Sentía que era la única que me comprendía, sin tener que hablar, al estar simplemente cobijado en su silencio.

Para mí, Rosa era una figura materna, ya que mi madre después del mediodía se encerraba en su recámara con el aire acondicionado a temperatura de enfriamiento polar. Después entendí que se refugiaba en su alcoba para poder curar el efecto de los ansiolíticos que tomaba. Yo veía cómo en las mañanas ella tenía que tomar litros de café y yo no podía mencionar ni una palabra porque azotaba su periódico y me fulminaba con su mirada. Yo ahí callado, siempre callado. No hables Manuel, no te muevas.

En esa etapa infantil no sabía qué significaba el amor, un concepto que a mí me parecía remoto y lejano. En casa todo era rencor, gritos, culpa y miedo. Si alguien rompía un cenicero de cristal o un vaso, mi madre estallaba en furia y gritaba: "¿Quién tuvo la culpa?". Qué ironía. Muchas veces no había estado, ni siquiera cerca del accidente y, sin embargo, decía que yo había sido el causante. Experimenté una especie de autocastigo porque sentía que esa era la forma de vivir, cargando una culpa constante. Me sentía como un esclavo, llevando una cruz desde muy pequeño.

Después de las clases recuerdo que me sentaba al lado de su máquina de coser, de esas antiguas que trabajaban con pedal. Aún tengo el recuerdo vívido de aquel logotipo de fierro con una sola palabra: *Singer*. Pasaba horas y horas moviendo con mis manos el pedal solamente para escuchar el ruido y sentirme acompañado. Entrar a primaria fue experimentar otro cadalso. El primer año lo cursé en el Instituto Franco Mexicano, un colegio de Hermanos Maristas.

En aquel entonces seguía sin controlar mi incontinencia y pedía permiso para ir al baño. Para ello primero había que pasar al frente del salón y subirse a la tarima en donde estaba el escritorio del profesor. Éste te tomaba de las patillas y las empezaba a jalar hacia arriba hasta que se te salieran las lágrimas para ver si lograba su cometido: que te orinaras enfrente de todos. Si tipos como éste eran los representantes de Dios en la tierra, desde muy niño yo ya no quería saber nada de Él.

Luego de algunos años mis padres decidieron cambiarme a un colegio mixto, el Colegio Americano de Monterrey. A pesar de mi inadaptabilidad me sentí un poco mejor. Era un colegio laico en donde la figura de un Dios asfixiante y sus emisarios en este planeta no existían. Aprendí inglés con facilidad, se permeó en mí en una forma completamente orgánica. De un día para otro yo ya era bilingüe.

No dejaba de sentir miedo al ir al colegio, pero ahora ya iba con mi hermano en el camión y de alguna forma me sentía más protegido. Me gustaban los salones que tenían ventanas con vista hacia la calle porque me permitían fugarme de la realidad. Así como el recreo se había convertido en mi martirio cuando estaba en pre-primaria, ahora lo era participar en la clase de educación física. Siempre fui torpe en los deportes y desde sexto año de primaria ya sufría de obesidad.

La gordura me ha perseguido toda la vida. Sin embargo, a través de un profundo trabajo de entendimiento, con el tiempo perdí muchos kilos y los he logrado mantener. Ya en mi adultez me di cuenta de que no tenía mucho que ver con la comida sino más bien con la emoción. Recuerdo que odiaba a mis compañeros por sus incesantes burlas. Me decían: "Acuéstate en el piso Manuel y yo me tiro desde la barda para que tú seas el colchón". Sentía un latigazo en el alma, tenía que contener las lágrimas y, sin embargo, disfrazaba aquel momento con una carcajada.

El tránsito por secundaria no fue menos difícil. Añoraba el momento en que me pudiera largar de ese lugar y entrar a la preparatoria del Tecnológico de Monterrey, no porque me importara estudiar sino porque quería alejarme de ese ambiente hostil. Si bien el ambiente académico no me interesaba en lo más mínimo, intuía que, en un ambiente universitario y rodeado de muchas más personas, podía permanecer incógnito y entre la sociedad desaparecer.

Al entrar a preparatoria, obligado a cursar la rama de físico matemático y entendiendo que no iba a poder con los cursos, me di a la tarea de beber, ya que ahí sí era permitido, pues como estudiantes ya estábamos cercanos a la adultez. En esa etapa fue cuando realmente se instaló mi enfermedad: Engordaba cada vez más y me desesperaba no poder conectar con nadie. El simple hecho de que llegara el fin de semana me provocaba una angustia terrible porque sabía que no tenía ningún lado a dónde ir, mientras todos mis compañeros se iban de fiesta o empezaban a tener pareja. "¿Quién iba a querer a un gordo desaseado? Nadie", me decía a mí mismo.

En un verano me fui a la Ciudad de México y conocí a Belén, la hermana de un amigo aficionado a la tauromaquia. Ellos eran españoles. Belén me cautivó porque fue la primera mujer a la que yo le llamaba la atención. Le gustaba mi plática y mi presencia, sentía que no me juzgaba y que quería estar conmigo. Yo me sentía feliz al estar a su lado y al regresar a Monterrey me motivó a adelgazar.

Mis padres estaban desesperados con mi obesidad y me llevaron con muchos médicos de la comunidad. Ninguno me funcionó. Me ponían a dieta, me daban pastillas, me obligaban a hacer ejercicio, todo sin resultados. Y, sin embargo, el primer estímulo de amor que llegué a sentir me motivó para transformarme. Llegué a tener la esperanza de que sí podía llegar a ser una persona normal.

Fue tan fuerte mi intención de adelgazar que dejé de comer. Aparte de que me iniciaba también en el alcoholismo por esos años empecé ahora a desarrollar un trastorno alimenticio. Literalmente, cerrando la boca y contando calorías, lo logré. En cuestión de meses mi cuerpo ya era delgado. Tenía la ilusión de regresar a México para ver a Belén. Le dije a su hermano que hiciéramos el viaje y él accedió. Estaba ilusionado de verla y yo suponía que ella también lo estaría. Cuando llegamos a su casa abrió la puerta y se me quedó viendo.

— ¿Qué te pasó? ¿Por qué estás tan flaco? —me dijo.
— Pues, me puse a dieta — le respondí.
— Te ves terrible, así no me gustas —me confesó.
— Se despidió y no la volví a ver.

3. La actuación, mi pasión

De niño, cuando iba al cine, entraba en un mundo de fantasía. Desde que se apagaban las luces y empezaba la proyección yo sentía que me transportaba a otro mundo, que se aligeraba la carga sofocante de mi vida. Como siempre fui un "peque" solitario sentía que así era la vida, una vida de soledad, de sufrimiento y culpa.

Así que el único respiro que tenía era cuando mis padres me llevaban a ver una película o presenciar una obra de teatro. Recuerdo en una ocasión que en el intermedio del cine ellos se quisieron regresar a la casa y eso representaba para mí una inmensa frustración porque yo me quería quedar a ver el resto del film.

Cuando me sentaba frente a esas grandes pantallas sabía que entraba en un mundo de escape. Durante esas dos o tres horas se esfumaba momentáneamente esa sensación de pesadez. Entrar a un lugar con el aire acondicionado ya era de por sí un descanso y alivio temporal del calor infernal de Monterrey. Y desde luego, si aquella experiencia estaba acompañada de palomitas y de chocolates, entonces eso representaba para mí todo un oasis.

Siempre pensé que yo podía ser actor. No estaba seguro si eventualmente podía dedicarme a esa profesión pero me llamaba profundamente la atención. Me imaginaba muchas veces representando a otra persona que no fuera yo. Tenía una fascinación por ese mundo fantástico. Creía que era el único camino que podría comprender y que podía darle significado a mi vida: a través del arte.

En una ocasión mi padre me llevó a ver un balé folclórico mexicano en el Teatro Monterrey del Seguro Social. El lugar literalmente me transportó a otro mundo al cual sentía que yo pertenecía. Evocaba ese mundo porque, en mi niñez, mi nana Rosa me había llevado a ver una representación de teatro infantil con un personaje de nombre Cachirulo. Desde ese momento me di cuenta que me quería dedicar a la fantasía, a representar personajes que me extrajeran de mi persona. Era de los pocos momentos en los que yo me sentía verdaderamente feliz.

Mi sueño se realizó más tarde. En su momento me convertí en actor mientras estudiaba mi carrera profesional en el Tecnológico de Monterrey. Recuerdo que llegaba siempre temprano a los ensayos y me quedaba horas contemplando la escenografía por la parte de atrás. Veía los bastidores, las lonas y me paseaba por el escenario que me transportaba a ese mundo en donde quería estar. Era un escape a una realidad que no comprendía. Podía ver las luces, quedar inmerso en su magia y darme cuenta que ahí era donde yo quería estar.

Conocía a todos los tramoyistas, gente trabajadora y noble que siempre se acercaba conmigo para echarme porras diciéndome que yo era un gran cómico. Lo irónico era que la gente pensaba que yo era una persona chistosa, una persona graciosa, pero la realidad era otra. Había ocasiones en donde representaba el papel de payaso en las fiestas queriendo ser el centro de atención, pero por dentro yo seguía sufriendo.

Sabía que era imposible seguir una carrera de teatro en Monterrey y que tendría que irme a preparar al extranjero para luego regresar y vivir en la Ciudad de México y, sin embargo, ese plan me llenaba de desasosiego porque, aunque detestaba Monterrey, me quería quedar aquí. Me decía a mi mismo: "Aquí nací, aquí crecí y aquí me quiero morir, en Monterrey, con sus montañas y su sol abrasador".

Participé primero en algunas obras pequeñas en un teatro de cámara en la Sala Sur de Rectoría del Tec. En la preparatoria Garza Sada (también del Tec) conocí a Carlos Bahena, un actor que, en su momento, había gozado de una inmensa popularidad. Él era el director de dichas obras.

Recuerdo que fui a hacer una prueba para entrar en *Antígona* de Jean Anouilh. Me dieron el papel del Coro que en el teatro griego es representado por varios actores. Esta adaptación moderna del autor sería representada por una sola persona. Comenzaba la obra con un monólogo bastante extenso, el cual logré aprenderme de memoria en menos de un par de días. El papel principal, Creonte, se lo habían otorgado a un buen amigo.

Después de unos cuantos ensayos, mi amigo le dijo a su papá que iba a actuar y éste se lo prohibió categóricamente. Por lo tanto, se vio obligado a claudicar. Estábamos a unos cuantos días del estreno y el director al ver mi capacidad de memoria, mi disciplina y el amor que le profesé a esa primera experiencia decidió darme el papel principal. Yo estaba extasiado, la obra era más bien íntima. Fue presentada solamente en la preparatoria, pero fue un éxito. La gente se acercaba conmigo y yo me sentía como una estrella. Por fin había encontrado una misión en mi vida, una actividad en la que me sentía como pez en el agua y podía destacar, ya que siempre me había sentido como una sombra.

Más adelante nos invitaron a un concurso nacional — "Intramuros" le decían— y gané el primer lugar. Sabía que yo estaba hecho para esto. Decidí estudiar la carrera de Ciencias de la Comunicación en el Tecnológico de Monterrey. Esto a pesar de la insistencia de mi padre quien me presionaba para que me mudara a alguna carrera de ingeniería como lo había hecho con mucho éxito mi hermano.

— "No puedo con las matemáticas, no las entiendo"— le decía.

— "En esta vida tienes que conocer las Ciencias Exactas si no no vas a ser nadie" me respondía.

— "Vas a terminar en la miseria. Tienes que ser como tu hermano".

Ya inscrito en Comunicación (por la insistencia de mi padre) decidí cambiarme a la carrera de Administración de Empresas. "Si no vas a estudiar Ingeniería por lo menos tienes que estudiar la Licenciatura en Administración", me dijo mi padre. Es decir, si Administración era el sótano, Comunicación era el *subsótano*. Me decían que estaba inscrito en una carrera para señoritas. Le decían la carrera MMC (Mientras Me Caso).

Recuerdo que un día fui al departamento de orientación vocacional del Tec y el psicólogo me hizo una serie de pruebas psicométricas. Para el alumno de carrera era obligatorio tomar un examen vocacional. Entre las pruebas había que resolver problemas matemáticos bastante complejos. Después de una semana me pasó los resultados y me dijo: "No puedes con las matemáticas, si te cambias a ingeniería te van a hacer pedazos, tu vocación está en las humanidades". Lo interesante fue que el Tecnológico de Monterrey en aquel entonces no tenía la carrera de psicología. Él era externo.

— "Tú eres el actor, yo te vi en *Antígona*" me dijo. "Vi como destacabas, y sacaste el primer lugar, eres muy bueno, lo tuyo es el arte. Si te quieres cambiar cámbiate a Mercadotecnia, no tiene tantas matemáticas y está más cercano a lo que realmente quieres."

Hizo una pausa, se me quedó viendo y me cuestionó:

— "¿Te están presionando tus papás para que te cambies?"
— "Sí" — le respondí.
— "Manuel, no te cambies, sigue tu propio camino" — me dijo.

Ahora me doy cuenta de que ese momento fue un milagro. Mi consciencia no estaba desarrollada y yo quería seguir complaciendo a mi padre. Cada vez que nos reuníamos, me sentía señalado y atacado por estudiar Comunicación. Y para poder satisfacerlo y que me dejara en paz me cambié a Administración.

Un día, caminando por los jardines interiores del campus, tuve un momento de epifanía, de valor y de coraje. Entonces decidí regresar a Comunicación. Llegué con mi padre esa noche y tuvimos la siguiente conversación:

— No me voy a cambiar, no voy a vivir tu vida ni la de mi hermano, si quieres que la colegiatura te salga al doble, oblígame a cambiarme a una ingeniería, tú y yo no tenemos ninguna relación.

Entonces tomé aún más valor y le sentencié:

— Si quieres que te deje en paz y que te salga más barato déjame terminar Comunicación y no sabrás de mí, ni te daré problemas en cuatro años. Porque como dicen: *No hay nada más caro que un hijo burro en el Tec*, y yo no soy ese.

— Vas a terminar de camarógrafo de payaso, en la ruina— me respondió. ¿De veras quieres cursar esa carrera de perdedores?.

— Sí, quizá fracase y quizá quede en la ruina, pero va a ser mi fracaso y no el tuyo, no te voy a hacer responsable de nada —le dije.

En secundaria había reprobado todas las materias de matemáticas y mi padre en su inconsciencia me obligó a estudiar la preparatoria de Físico Matemático. Yo le respondía:

— No la necesito, puedo cursar Humanidades y entro directo a Comunicación, recuerda que quiero ser locutor, quiero ser productor de comerciales, no quiero ser ingeniero.

— Tienes que estudiar físico matemático porque tú no sabes qué quieres en la vida —insistía él con obstinación.

Por complacerlo lo hice, pasé las de Caín en la prepa y sufrí lo indecible. Me inscribieron en clases privadas de matemáticas y ni así entendía nada. En el segundo semestre reprobé cuatro de seis materias y en una ocasión mi padre llegó conmigo y me advirtió:

—Si repruebas una más te saco del Tec y te vas a una universidad pública—.

— ¿Qué parte de "no puedo con las matemáticas" no me has entendido?— lo desafié. Ni con las clases privadas voy a poder, no soy mi hermano. ¿Por qué me exiges tanto y a él no? ¿por qué si se enoja no lo regañas? y yo al primer exabrupto me haces pedazos, es tu favorito y para ti yo no sirvo para nada—.

— A él no lo regaño porque tiene una inteligencia privilegiada que tu careces —me respondió.

Descrédito tras descrédito. Era yo culpable por nacer y culpable por no poder multiplicar. No me quedó otra más que irme al trago, a emborracharme día tras día y encontrar refugio en el arte.

En mi primera experiencia con la ayahuasca años después me di cuenta de que en toda mi vida había sido preso de la culpa. Participé en una ocasión en un retiro que consistía en tres ceremonias y al haber tenido una experiencia tan poderosa, decidí no entrar a las siguientes dos ceremonias. Habiendo pasado una semana, le comenté a mi guía que me sentía muy bien y que debí de haberme quedado a las otras dos. A lo cual ella respondió: "Así fue perfecto, con una sola experiencia fue suficiente".

Lo que no me esperaba fueron sus siguientes palabras: "El problema es que eres culpógeno, toda la vida lo has sido, y debes comprender que una sola experiencia fue perfecta pero tú naciste con culpa. Lo que es más, la sentiste desde el momento que naciste porque no querías aceptar el regalo más grande de Dios que es la vida, la existencia". Esa es una frase que me he repetido constantemente cada vez que siento la mordedura de la culpa: Aceptar y merecer el regalo del Universo por existir.

La actuación se me daba natural

Durante mi paso por el Tecnológico de Monterrey fui muy activo en el campo del teatro. En una ocasión me dieron el papel estelar en *Las Preciosas Ridículas*, una obra francesa de Molière, y llegó a oídos del director del Departamento de Difusión Cultural ``que había un actor que él tenía que ver´´.

Un día se me acercó y me dijo que quería que participara en el teatro musical. En este campo, en mi opinión, El Tec destacaba sobre todas las universidades de Monterrey. Resultó que con el tiempo se lo dieron a Pepe, un actor extraordinario y yo sentí hielo en el corazón. Pero el destino me tenía preparada otra aventura.

Construyeron un teatro inmenso, hermoso: el Teatro Luis Elizondo. El director había asistido a un balé de Maurice Béjart en Madrid donde el primer bailarín usaba una botarga de un personaje obeso y de esta manera tuvo la idea de adaptar *Las Alegres Comadres de Windsor* de Shakespeare.

En aquel entonces yo era muy delgado y manufacturaron una botarga similar a la que él había visto. Yo tenía 20 años. Una obra con una producción inmensa en donde se amalgamaban diferentes disciplinas de canto, música, pantomima, danza moderna y actuación.

El estreno estaba a reventar y al final de la primera noche el público literalmente se rindió a mis pies. Nos fuimos a cenar a un restaurante argentino y el director estaba con Ofelia Guilmáin, una de las actrices más famosas de México. Entonces le comentó: "Mira, él es Manuel, el que hizo el papel de Falstaff". La señora se levantó de su mesa y me dijo: "Veo que estás chaparrito, pero en el escenario te ves enorme, a ver si puedes con el éxito". Esas palabras luego las repetiría mi padre cuando un día me dijo: ``Hijo, el éxito te llegó demasiado temprano, a ver si puedes con él´´.

Hacia el Estrellato

Me empecé a convertir en un actor famoso dentro de la comunidad de Monterrey. La gente me conocía por mi nombre, me hacían entrevistas en los periódicos y yo sentía cómo mi mente se iba enfermando poco a poco. Empecé a perder mi identidad, ya no sabía quién era: El actor o el hombre. Sentía el alma rota porque quería permanecer todo el tiempo en esa fantasía.

Quizás la fama me volvió adicto a la actuación en ese momento, pero el regalo más grande que recibí fue que ahí conocí a un ángel que después se convertiría en mi esposa y que siempre ha estado conmigo en mis éxitos y en mis fracasos: Conchis. Recuerdo que en una ocasión me dijo: "Me casé con un hombre de múltiples personalidades que siempre cambia y no lo para nada".

Mis éxitos artísticos seguían y seguían. En una ocasión llegó un director de teatro a ofrecerme sustituir a otro actor en una obra que había sido muy famosa en su adaptación al cine: *Atrapados sin salida*. Yo había visto la película muchas veces y se me hacía fascinante, me identificaba mucho con la trama. Y, sin embargo, mi orgullo estaba tan inflado por el éxito que había tenido en las *Las Alegres*

Comadres de Windsor que lo rechacé por ser un papel menor.

Para entonces ya se habían abierto las pruebas para otra obra: *La Casa de Té de la Luna de Agosto* y ya me había enterado de que me iban a dar el papel principal. Llegó Gerardo Maldonado, el director de Difusión Cultural, quién también había dirigido *Las Alegres Comadres de Windsor* y me dijo: "Qué rápido se te subió la fama a la cabeza. si quieres el papel de Zakini en 'La Casa del Té' tienes que entrar a hacer un papel menor en *Atrapados Sin Salida"*. Por supuesto que dije que sí, pero no por querer participar sino por que sentí una de las primeras cachetadas a lo que después entendí que era mi ego.

En aquél entonces, el concepto de humildad era sinónimo de humillación. Fue más bien morderme la lengua y decir que sí. A pesar de la rabia que me había provocado el comentario, sabía que era verdad. Con una serie de artimañas pude sobresalir con un papel prácticamente carente de líneas. Cuando salí en escena la gente se desternillaba de la risa, mis compañeros actores me decían: "Entiende Manuel, esto no es una comedia, es una tragedia que tú estas prostituyendo". Pero a mí no me importaba, yo tenía que destacar a toda costa.

Esto me provocó conflictos y resquemores con todos mis compañeros. A mí no me importaba si tenía que atropellar a otro ser humano, yo tenía que seguir teniendo el reflector. Cuando llegaron las pruebas para hacer *La Casa de Té de la Luna de Agosto* me presentaba sin decir una palabra. Veía cómo mis compañeros se preparaban y batallaban porque querían el papel principal y, sin embargo, yo sabía que lo tenía en la bolsa.

No tuve ni siquiera la necesidad de audicionar. A Rubén, el director, ya le habían dicho que el actor principal tenía que ser yo. Él decía: "Este actor es imposible, tiene un ego inmenso, no voy a poder trabajar con él". Y sin embargo me impusieron y le obligaron a trabajar conmigo. Porque a pesar de ser yo un actor difícil que quería imponer mi presencia, siempre fui disciplinado y la facilidad para aprenderme las líneas me favorecía.

Otra vez destaqué muchísimo en esa obra. Sakini, el papel principal, era un intérprete japonés en la isla de Okinawa ocupada por el ejército norteamericano en la Segunda Guerra Mundial. Iniciaba con un monólogo intenso, largo, que tenía que recitar hincado en el centro del proscenio del escenario. Desde adolescente he tenido una voz grave y, sin embargo, en ese momento tenía que afectarla para subirla de tono lo cual me costaba un esfuerzo importante.

Me aplicaban curitas en los ojos para poderlos rasgar. Entre el maquillaje, el sudor y las luces se me dificultaba ver. Las representaciones eran de jueves a sábado a las nueve de la noche, lo cual a mí me permitía irme de fiesta y beber, y curarme la cruda durante el día.

Recuerdo un sábado que me fui a casa de Cuauhtémoc, mi amigo el productor, y empezamos la fiesta a la medianoche. Terminamos doce horas más tarde, al mediodía del día siguiente, y yo estaba "ahogado" en alcohol. Me fui a dormir y a las cuatro de la tarde llegó mi hermano a despertarme:

—¿Qué estás haciendo? —me preguntó—. ¿Por qué no te has ido todavía?

— Porque la representación es hasta las nueve, necesito dormir—le contesté.

— No es a las nueve, tienes matineé a las cinco de la tarde.

— Eso es el domingo— reviré.

— ¡Y qué día crees que es hoy imbécil!— exclamó.

¡Se me había borrado un día! Me levanté, me bañé y conduje a toda velocidad hacia el auditorio. Llegué y estaba el director convertido en una furia.

— ¡Mira nada más como vienes, estás borracho!— me gritó.

—Rubén, por favor, regáñame al final de la obra, en este momento te suplico que me traigan café— contesté.

Y así lo hicieron. Me maquillaron a toda velocidad y, sin tener noción del tiempo, corrí hacia el escenario. Me hinqué y empecé a recitar mis primeras líneas del guión. Después de la segunda o la tercera línea mi mente se puso totalmente en blanco. Rubén estaba sentado en primera fila y solamente pude ver cómo puso su rostro en sus manos para poder atenuar la vergüenza.

No había un actor en escena que me pudiera "soplar" la línea del guión. Así que no me quedó de otra más que incorporarme, romper el personaje, hablar con mi voz normal y exclamar: "Perdónenme, no sé qué sigue, voy a tener que volver a empezar".

Fue un momento de colusión con el público que estalló en carcajadas y me aplaudió por el arrojo —o quizás la desfachatez— de haber confesado que se me habían olvidado las líneas. Los veía como buenos amigos diciendo: "Dale *güey*, aquí te esperamos, ya te conocemos. Eres Manuel, el actor que todos queremos ver".

Mis compañeros tenían hacia mi una mezcla de admiración y de odio. El estrellato se iba apoderando cada vez más de mi persona. Veía con desprecio y desdén a los demás actores. Y ellos me respondían con la misma emoción. Pero, ¿qué pasaba al finalizar las obras? Lo mismo que sucedía cuando llegaba la hora del recreo. Parecían decirme: "Tú serás la gran estrella del teatro de Monterrey, pero no tienes cabida en la sociedad". Siempre fui rechazado en las reuniones de mis compañeros. Cayendo el telón no querían saber nada de mí.

4. Un Regio en Londres

A principios de los años ochenta, poco después de graduarme, veía con cierto recelo cómo algunos de mis compañeros se iban de intercambio a universidades extranjeras a Estados Unidos y Europa. Yo me sentía encadenado a Monterrey y por mi cabeza rondaba la idea de que también tenía que irme al extranjero para realmente crecer, que debía tener la experiencia de estar fuera de mi casa.

Cuando murió mi hermana llegó Jorge, mi amigo, y me dijo: "Manuel salte de esta casa, te estás ahogando, vete a estudiar al extranjero". Sin embargo, el alcoholismo estaba ya totalmente instalado para entonces y no me permitía tener las agallas para salir de mi casa. Sin embargo, yo sabía que tenía que hacerlo. Me tenía que ir: el ambiente de mi casa era tóxico y sofocante. Además, el primer trabajo que tuve como director de Teatro en el Tec era igualmente asfixiante, un claustro académico que se regía como una dictadura conservadora, privativa, solo para las clases altas de Monterrey. Yo me quería ir al mundo.

Un buen día mi amigo Jorge llegó conmigo y me dijo:

— Vámonos a París.

— Yo no sé hablar francés, ¿a qué?"— le contesté

—Conseguí un trabajo en Pemex, me voy a la Costa Azul a un curso propedéutico de francés, ¿por qué no te vienes conmigo?— me comentó.

Y en una forma totalmente espontánea le dije que sí. Yo no sabía a qué iba. Hablé con un amigo de él y me dijo que no estaba seguro, pero era posible que me pudiera conseguir un trabajo en Pemex a mí también. Les compartí la idea a mis padres y me apoyaron. Mi padre me dijo: "Yo no te voy a heredar nada, pero en la educación te doy todo lo que quieras. Vete, yo te lo pago".

Compré un boleto de Monterrey a Bruselas porque era más económico que irnos a París. Fue un boleto de ida sin regreso. En el Tec me dijeron que me daban permiso para ausentarme por un año, pero que no me pagarían nada ni me apoyarían en nada. Y me advirtieron que mi plaza estaba asegurada solo por un año; después de eso no había ninguna garantía. A pesar de todo decidí irme a la aventura, sin tener absolutamente nada seguro.

Empaqué una maleta inmensa que pesaría unos treinta kilos. En aquel entonces no tenían ruedas, había que cargarla, con una sola mano. El día que me fui mi padre no podía emitir palabra, solamente le veía su rostro lleno de lágrimas, abrazándome, porque sabía que yo era un muchacho endeble, un borracho. Se imaginaba seguramente que iba a sufrir.

Tenía yo un nudo en la garganta, no tanto por la tristeza de la despedida, sino por ver el rostro compungido de papá. Mi mamá se mantenía como siempre, mostrando una máscara paralizada, indiferente. Salimos de noche desde Ciudad de México y al día siguiente llegamos a Bruselas. Yo sabía hablar un poco francés, pero solamente para darme a entender. Esa noche nos instalamos en un hostal y un amigo nos invitó a ver un concierto de Rod Stewart.

Ya en el automóvil rumbo al concierto nos ofrecieron los amigos de Jorge un porro de marihuana. Yo la había probado un año antes y no me había hecho ningún efecto. Le di unos cuantos "toques" y no sentí absolutamente nada. Después de unos minutos empecé a ver la ciudad por la ventana y vi un anuncio de Mercedes, el automóvil, y me dije a mí mismo: "Que extraño, no recordaba que esta marca ya se estuviese distribuyendo en la Ciudad de México".

43

Volteé de soslayo para ver a Jorge y lo vi atorado de la risa. Yo no sabía que ya me había pegado y, sin embargo, estaba totalmente intoxicado. Me di cuenta de que no estaba en Ciudad de México, sino que había cruzado el charco. "Estoy en Bélgica", me dije. "¿Qué chingados estoy haciendo aquí? ¿Qué hice?".

Me pasaron por la cabeza una serie de pensamientos, sabía que nos íbamos a París y después de dos meses Jorge se iba a ir a la Costa Azul y me iba a dejar solo. No tenía ni la más remota idea de qué iba a hacer. Me había inscrito en el Euro Centro para tomar un curso de francés y fuera de eso no tenía ningún plan. Si se iba Jorge yo era "hombre al agua", no tenía ni un solo conocido en París.

Me dieron la noticia de que Juan, un amigo mío, vivía en un *bonne chambre* que son los cuartos de la servidumbre de las residencias francesas. Era un espacio de tres por tres. De inmediato me fui a refugiar con Juan. Me dijo: "Te puedes quedar aquí mientras terminas tu curso, después ráscate con tus propias uñas". Me sentía terrible de no poder disfrutar mi estancia en París, una ciudad tan hermosa que ansiaba conocer.

Durante el día caminaba por los Campos Elíseos, por L'Étoile, el Barrio Latino, la Sorbona, Pigalle, Notre-

Dame y el Sena. Y sin embargo nada atrapaba mi atención. Mi enfermedad del alcoholismo se empezaba a pronunciar cada vez más. Lo único que me provocaba un momento de tranquilidad era cuando empezaba a beber cerveza. Íbamos a fiestas, reuniones y yo no podía conectar con nada ni con nadie. Y, sin embargo, seguí adelante, con un alma guerrera, porque sabía que ese viaje tenía un propósito para mi vida.

Un día recibí una carta de Cuauhtémoc, mi amigo el productor de Monterrey. Y me dijo: "Manuel, hay una escuela en Londres que se llama 'The Drama Studio' si tú quieres me encuentro contigo en París y nos vamos". Yo siempre tuve una relación basada en la animadversión hacia Cuauhtémoc en Monterrey y, sin embargo, pensé que era mi tabla de salvación y de inmediato le dije que sí.

Llegó después de dos semanas y le dije a Juan que terminando el curso ya me iba. Permanecí unos cuantos días más en París y de ahí tomamos el tren a Calais para cruzar el canal de la Mancha y llegar a Dover, en la costa inglesa. Ahí desembarcamos y nos dirigimos al área de migración.

Empecé a preguntar hacía donde me tenía que dirigir y me respondían en un inglés ininteligible y espeso, el *cockney*, el acento de las clases trabajadoras de Inglaterra. Sentí una angustia terrible porque yo pensaba que manejaba bien el idioma y, sin embargo, no lo podía hablar, no lo podía entender y lo mezclaba con el francés. Creo que estaba en aprietos.

Pasamos la aduana y tomamos el tren hacia Victoria Station, la famosa estación ferroviaria en Londres. Llegamos a la estación y nos fuimos a Earl's Court, un área de clase media baja de la ciudad. Nos instalamos en un hostal de mala muerte, al lado de una cocina sin ventanas con un aroma punzante a curry. Y, sin embargo, me dije a mí mismo: "Ya llegué a casa".

Mi amigo Cuauhtémoc había enviado una carta a "The Drama Studio" solicitando una prueba para dos personas y nos dieron una fecha para realizarla. Yo no tenía ni idea a lo que nos íbamos a enfrentar. No me había preparado con ningún monólogo. De hecho, le respondieron que solo nos tenían que entrevistar y que eso sería suficiente. A mí se me hizo un tanto extraño ya que en Monterrey se estilaba audicionar con algún pasaje de una obra de teatro reconocida. Ese era el protocolo. Sin embargo, ya estaba en Londres y había que seguir adelante sin ningún tipo de expectativas.

Llegó el día de la audición y nos dirigimos al oeste de la ciudad, a Ealing Station. Arribamos al lugar de audición, una casa de estilo victoriano cerca de un inmenso parque conocido como Ealing Common. Nos presentamos y nos hicieron esperar unos cuantos minutos. Yo sentía el estómago revuelto, las clásicas mariposas. Aquí yo no era nadie. Ya no era el actor reconocido que cualquier director se peleara por él y sin que tuviera que pasar por ninguna prueba. Me sentía pequeño, sin ningún sostén debido al reconocimiento.

Tendría que a probar a como diera lugar. Yo sabía que merecía estar en el cuerpo de estudiantes que provenían de todo el mundo. Así que no me quedaba más que seguir adelante. O la armaba bien o me tendría que regresar derrotado a casa si no pasaba la prueba.

Salió el dueño de la escuela, y nos hizo pasar a los dos juntos. Nos dijo que no era necesario tener nada preparado, que iba a ser solo una entrevista. Él y otra maestra empezaron a hacernos preguntas de nuestra vida, de nuestra historia y de las obras de teatro en las que habíamos participado. Al final de la entrevista nos dijo: "Pues bien, este es el proceso: aún y cuando les dijimos que no debían tener nada preparado y que solamente íbamos a platicar, la realidad es otra, van a tener que audicionar con algún monólogo".

Sentí que la sangre se me iba a los pies, yo no tenía nada preparado, todo el tiempo me había quedado con la idea que solamente nos iban a entrevistar y que en base a eso iban a decidir si nos podíamos quedar o no. Yo siempre fui un actor disciplinado y tenía buena memoria, pero su aviso fue para mí una sorpresa que me tomó totalmente desprevenido.

Volteé a ver a Cuauhtémoc y lo vi con un rostro impasible, como si no pasara nada. El dueño de la escuela nos dijo que podíamos improvisar y que inclusive lo podíamos hacer en español si así deseábamos. Yo estaba congelado. Nos preguntaron que quién quería empezar primero y Cuauhtémoc dijo que él estaba listo. Me pidieron que me retirara del salón. Pasaron diez minutos que se me hicieron una eternidad. Salió Cuauhtémoc de la sala de audición y le pregunté:

—¿Cómo te fue?.

— ¡Excelente!— me comentó. Prácticamente ya estoy dentro.

En eso salió el dueño de la escula y me dijo que yo seguía. Entré y me dijo:

—¿Qué quieres hacer?.

Sin dudar le dije que yo iba a hacer el monólogo de *La Casa de Té de la Luna de Agosto* que había interpretado a Sakini.

— ¡Adelante!— exclamó.

Después de haber representado tantas veces ese papel, con el teatro lleno y con el público aplaudiéndome y alabándome, ahora estaba en otro ambiente, en una nueva prueba. Ahora estaba siendo juzgado, evaluado, por dos personas que tenían mi suerte en sus manos. Comencé a recitar el monólogo y me di cuenta de que no estaba funcionando. Les veía las caras sin una sonrisa, sin ninguna reacción.

Sentí como si estuviera hablando con un muro. Las líneas se me olvidaban, sentía la garganta cerrada. Mi discurso se sentía plano, sin sentido. Me sudaban las manos y me temblaba la voz. Terminé y me dijeron que ya podía salir del salón de audiciones. Me vio Cuauhtémoc y me dijo: "¿Cómo te fue?". Le dije que no tenía ni la más remota idea. "Bien, pues a ver qué pasa", respondió.

Entré nuevamente y vi al director y a la maestra con un semblante rígido. Me dijeron lo siguiente, más o menos con estas palabras: "Entendemos que vienes desde México y que no tenías idea de si podías entrar o no. Sabemos el compromiso que eso representa para ti. Sin embargo, solo de entrevistarte vemos que estas batallando mucho con el idioma. Difícilmente vas a poder cuando lleguemos al programa de los clásicos de Shakespeare. Si no puedes con el inglés cotidiano, es prácticamente imposible que puedas con el inglés *Isabelino*".

Sentí como todo el mundo se me derrumbaba, prácticamente me estaban diciendo que no podía entrar. Me dijeron: "Estarías junto con actores de todo el mundo. Pero casi todo el cuerpo de estudiantes es americano, irlandés o inglés. Estoy seguro de que se van a desesperar por que los vas a atrasar, no van a querer actuar contigo".

Empecé a sentir el látigo del rechazo. Me sentía como un paria, como un extranjero que no tenía cabida en ese país, en el cual yo tenía tanta ilusión de poderme quedar y de vivirlo. Y me comentaron: "La alternativa que te podemos ofrecer es que entres al programa de directores, así no tendrías que batallar tanto con el idioma. Te comunicas con los actores como puedas".

No sabía qué responder, me quedé mudo. Yo no tenía ninguna intención de ser director, sabía que mi vocación era actuar, no dirigir, no me interesaba. Lo único que pude más o menos balbucear con un inglés descuadrado fue: "Ustedes no tienen actores de habla hispana, no han tenido un solo mexicano. Si ustedes me dan la oportunidad me voy a poner a trabajar en el inglés y no tendrán ningún conflicto conmigo. A mí no me interesa dirigir, no me interesa el programa de Dirección, yo quiero actuar".

De pronto sentí una fuerza, un poder que puso las palabras en mi boca: "No me hagan esperar, o me dicen en este momento que me aceptan en el programa de actuación o me despiden de una buena vez por todas". Yo creo que esta postura los sorprendió, se quedaron viendo entre ellos y me dijeron: "Salte, danos unos minutos".

Me fui a la sala de espera y me dijo Cuauhtémoc, quien ya estaba aceptado: "¿Qué pasó? ¿Te aceptaron también?". Entonces le respondí: "Todavía no lo sé; están deliberando". Los ingleses regresaron y me dijeron que podía pasar. Me informaron que estaban de acuerdo. ¡Que estaba aceptado! Sin embargo, la condición era que tendría que entrar al curso de verano antes del programa anual y trabajar en el idioma.

Me había funcionado mi advertencia frente a la adversidad que me habían mostraron los ingleses. Logré superar la prueba. Como dijera Winston Churchill: "Un pesimista ve la dificultad en cada oportunidad; un optimista ve la oportunidad en cada dificultad".

En busca de hospedaje

Los dos salimos de la escuela de teatro felices y, por supuesto, había que celebrar la aceptación al programa. Nos regresamos a Earl´s Court y nos dimos a la tarea de emborracharnos hasta el olvido total. Así transcurrieron los días y decidimos que teníamos que buscar un departamento cerca de la escuela. Encontramos uno cerca de Ealing Common, aproximadamente a media hora de la escuela a pie. Era un lugar bastante simple y parecía que el olor a curry seguía persiguiéndonos. El dueño del inmueble era un hindú y podíamos percibir la preparación de su comida a diario, una situación a veces insoportable.

Nos llegó el día del inicio del programa de verano. Aunque era un tanto ligero, a mí me parecía difícil, ya que seguía batallando muchísimo con el idioma. Sin embargo, algo había en mí que me motivaba a seguir adelante. Era una fuerza interior que parecía desconocida. Hoy entiendo que fue Dios el que me estuvo acompañando todo ese tiempo, de otra manera hubiera sido imposible haberme mantenido en Inglaterra en un ambiente competitivo y hostil.

Para entonces ya se me estaba terminando el dinero y les hablé a mis padres para pedirles que me enviaran más. Mi padre me dijo que tenía que hacer una serie de operaciones en Monterrey para podérmelo enviar y que mientras tanto hiciera lo que pudiera para sobrevivir. Se nos presentó otro milagro: el dueño de la escuela nos ofreció trabajo. Habría que pintar la escuela, cortar el césped y limpiar los baños. Desde luego dijimos que sí.

Fue mi primera experiencia como pintor, jardinero y conserje. Me encontraba ahí, entre brochas y botes de pintura, cortadoras de jardín y productos de limpieza sanitaria. Sí, el muchacho de clase acomodada con dinero, automóvil y todas las comodidades había quedado atrás.

Nuestra primera encomienda fue pintar una biblioteca. Como Cuauhtémoc era el jefe, por así decirlo, yo tenía que obedecerle, así que él decidió que la pintaríamos de azul. Un maestro de la escuela, que también trabajaba como obrero, era nuestro capataz. El trabajo se me hacía extenuante, en mi vida había hecho algo así. Sentía como mi ego protestaba diciéndome lo bajo que había caído. El niño rico convertido en pintor de brocha gorda.

Sin embargo, yo observaba la tenacidad de Cuauhtémoc y se me hacía asombrosa. Trabajaba sin cesar, no hablaba. Estaba completamente concentrado en su labor y yo no le podía seguir el ritmo. Nos tardamos un fin de semana en cepillar toda la biblioteca y después nos dispusimos a pintar, de color azul como lo había indicado "mi jefe".

Una tarde que habíamos terminado, Cuauhtémoc decidió dejar una ventana abierta para que se secara más rápido. Al día siguiente abrimos la puerta y por la ventana se habían colado cientos de abejas que vivían en un panal afuera de la casa. Cuauhtémoc tomó la decisión de agarrar la aspiradora y empezarlas a limpiar. Sacábamos cientos de ellas, tratábamos de hacer el trabajo lo más rápido posible antes de que llegara el capataz. No lo logramos.

Cuando llegó el capataz nos dijo que éramos unos estúpidos, unos torpes, y nos reclamó que cómo era posible que hubiésemos dejado una ventana abierta.

Cuauhtémoc y yo, todos aguijoneados por las abejas, arrinconados y regañados, no podíamos ni siquiera responder. Pero ni hablar, así tocaba, teníamos que aguantar los regaños.

Al día siguiente llegó el dueño de la escuela. Según nosotros, íbamos a ser felicitados por nuestro trabajo. Entró a la biblioteca y nos dijo que era el color más espantoso que había visto en toda su vida. Ni hablar, hubo que volverla a cepillar y pintarla blanca como él nos indicó. Por fortuna después de un tiempo mis padres lograron enviarme algo de dinero y pude renunciar. Las labores manuales, de plano, no eran para mí.

Terminó el verano y después de un par de semanas entramos al programa anual. Llegaron alumnos de todo el mundo: de Estados Unidos, Israel, Portugal. Todos hablaban perfecto inglés, menos Cuauhtémoc y yo. La gente se nos quedaba viendo como "bichos raros". Se les hacía muy extraño que un par de extranjeros con un inglés accidentado pudieran estar en un programa artístico tan difícil. Y, sin embargo, algunos de ellos se hicieron amigos nuestros. Y a la fecha nos seguimos frecuentando. Dos de ellos, Roma Downey y Leland Orser, son actores con un éxito extraordinario en Hollywood.

Yo sentía que los directores no nos tomaban en serio. Nos daban siempre los papeles de relleno, nadie se arriesgaba a darnos un papel de importancia porque sabían que no íbamos a poder con el inglés y la realidad era que la mayoría de nuestros compañeros tenían un talento impresionante. Tenían una capacidad histriónica que hoy en día se me hace increíble que casi ninguno de ellos destacara en el medio.

Recuerdo el primer día de clases en que el dueño de la escuela nos dio una plática introductoria y nos dijo: "Están entrando a la profesión más competida del mundo, probablemente una de las más crueles. Lo primero que van a tener que aprender es el rechazo. Serán rechazados una y otra vez. Si tienen dudas, este es el momento de irse".

Y luego continuó. "No les puedo vender una mejor idea. Si se quieren quedar, van a tener que resistir insultos, vejaciones y desdén cuando pueden escoger una profesión considerablemente más fácil que ésta".

Solamente uno o dos de nuestros compañeros claudicaron, todos los demás permanecimos. También nos dijo: "Está estrictamente prohibido el uso de drogas. Si los descubrimos, la expulsión es inmediata". Por supuesto que esa amenaza a mí no me importó, porque muy pronto conseguí un *dealer*, nuestro maestro de tap, un afroamericano. Ahí mismo en la escuela, en el baño, nos vendía la marihuana y el hachís.

El curso de verano fue relativamente sencillo, pero sentía una presión importante porque sabía que si no me daban la oportunidad de entrar al programa de actuación mi futuro era muy incierto. En el fondo yo ya me quería regresar, no quería permanecer en ese lugar. Extrañaba a mi familia y extrañaba a mi novia Conchis, con quien luego me casaría a mi regreso. Después de todo, siempre había estado en una zona de confort en Monterrey.

Mi idea original estando en carrera era que me quería ir a UCLA o a NYU a estudiar cine. Sin embargo, mi pasión siempre fue el teatro. Aunque, en el fondo, yo sabía que era muy difícil poder llevar una vida como artista. Y, por otro lado, en mi casa estaba sumamente estigmatizado porque mi padre me decía que me iba a morir de hambre como artista. Y tenía un conflicto fuerte porque, aunque me habían condenado en mi familia a que me iba a convertir en pobre yo sabía que tenía que continuar con esa profesión, con esa carrera. Mi postura era muy clara: "Si quiebro pues quiebro. Voy a tener que continuar con mi pasión".

Después del verano nos dieron un par de semanas de descanso. Al entrar al programa del año el dueño de la escuela nos dio la bienvenida y lo primero que nos recordó fue que la actuación en teatro es la profesión más difícil que existe en el mundo. Nos sentenció: "Muy pocos de ustedes van a poder tener trabajo en el medio de la actuación. Entonces yo les sugiero que si tienen dudas mejor se den de baja, se vayan y les regresamos su dinero".

Yo me quedé asombrado y me pregunté: "¿En donde me metí?". Esto estaba confirmando lo que me dijeron mis padres, que no iba a poder hacer nada con este trabajo y quebraría. Sin embargo, me dije: "Ya estás aquí".

Cuando llegó el bloque de Shakespeare me dio una oportunidad John Abulafia, que era uno de los principales directores de Shakespeare en el Dama Studio, y me dio un papel que se llama "Toby Belch" (belch significa eructo en inglés). Representaría un papel muy parecido a Falstaff que ya había hecho en el Tec de Monterrey. Se me hizo interesante que me diera este papel, yo entendía la psicodinámica de este personaje y era una buena oportunidad porque era una actuación larga. Sin embargo pude con ella, aguanté y resistí.

Un día me le acerqué a Patrick Tucker porque él dirigía en Corea todos los años una obra de Shakespeare. Entonces tenía el *One Book* que así le dicen al libro de Shakespeare y Cuauhtémoc me dio la idea: "Si Patrick dirige los bloques de Shakespeare en Corea, ¿por qué no le decimos que nos dirija algo en español". Nos dijo que por supuesto y nos dio una obra de teatro que se llama *The Dumb Waiter* que son dos personajes, dos asesinos a sueldo en un sótano y nos dirigió en español. Cuando empezamos a ensayar yo estaba completamente bloqueado.

Empecé a competir mucho con Cuauhtémoc y me dije, "No la estoy armando. ¿Cómo tengo que atacar al personaje?". Su personaje era muy rudo y el mío era uno más endeble que tenía que cumplir todas las órdenes que le daba el jefe. Y me decía Patrick: "¿Qué te pasa? ¿Por qué no puedo romper esa caja? Estás interpretando en español, no te la puedo poner más fácil, estás con tu amigo, me tienen a mí de director ¿por qué no puedo romper esa caja?".

Recuerdo que íbamos caminando a comer, él iba muy callado, iba muy "seco". Y me dijo: "¿Por qué estás tan duro?. Yo le respondí: "No sé, no sé por qué siento mucha competencia con Cuauhtémoc".

Yo veía brillar a mi amigo y yo no podía. Y mi ego me decía, "Pero si tú eres mejor actor, ¿por qué no la estás armando?". No me acuerdo si fue antes o después que a Cuauhtémoc le dieron un papel principal y a mí un papel de tres líneas. Y ahora reconozco que él es una persona muy exitosa, un director muy meticuloso. Pero mi ego me detenía y me decía: "Pero si tú eres la estrella del Tec". Pues sí, pero ya no estaba en el Tec, estaba en Londres.

En una ocasión le preguntaba a Patrick:

—¿Qué hace a un buen actor y que hace a un mal actor?.

—No estoy muy seguro, pero creo que tiene que ver con compartir, *sharing*. Tú puedes ver una obra en donde sale una mujer desde las piernas que son estos telares. Pero desde que sale tú puedes ver que es la actriz principal—, me respondió.

Y también me acuerdo mucho que me dijo que había actores que en los ensayos brillan y, a la hora del estreno no pueden. Y hay otros que no pueden destacar al ensayar, pero a la hora del estreno brillan.

Y me dije: "Por ahí me voy a ir. Si no puedo ahora, voy a dar todo lo que traigo en el estreno. No voy a fracasar. No va a ir nadie al estreno, pero como quiera estás con tus compañeros". Sin embargo, la sala estaba llena. Aquí es *do or die,* como dicen los ingleses. O damos un "madrazo" exitoso o vamos a salir "ovacionados" a jitomatazos.

Desde ese momento yo empecé a sentir "el duende", esa energía que tienes para compartir y salir adelante. Y ahora me doy cuenta de que ese "duende" se experimenta no solo el teatro, sino en otros momentos de la vida. Ese "duende" es Dios que te saca adelante. Te dice: "Estás en esta experiencia humana, tú puedes, te fuiste a la aventura, arrebatado como muchas cosas que has hecho en tu vida". Y así como he tenido éxitos extraordinarios, también he tenido fracasos extraordinarios.

Como diría Osho, un gurú hindú: "No vienes a esta vida a aventarte de pie. Vienes a esta vida a aventarte de cabeza".

Dejar "un recuerdo" en la campiña

Llegada la Semana Santa, uno de mis compañeros, Blair, me invitó a que nos fuéramos al distrito de Los Lagos en Cumbria, al noroeste de Inglaterra. Llevábamos nuestro paquete de marihuana y de hachís. Blair le robó el automóvil a su tía y nos fuimos a emprender el viaje.

Conocí pueblos y lugares turísticos hermosos, cerca del mar, como Ross on Wye. En un bar de Manchester apenas entré y el cantinero me corrió, simplemente me dijo: "Not here!". Me sentí como si fuera un apestado. Experimenté una depresión terrible porque había sido hasta el momento el rechazo más fuerte de toda mi vida. Sin embargo, había forma de paliar esa tristeza. Fue cuando probé por primera vez una mezcla de la planta con la resina que preparó mi amigo. Sentía como si me convirtiera en otra persona.

Nos veíamos a los ojos y nos ganaba la risa. Decíamos que éramos *Blair Two* y *Manuel Two*. Como si fuéramos personas diferentes. Y, sin embargo, dentro de toda esa locura sentía el cariño y el amor de un gran amigo que todavía hoy por hoy atesoro. Blair fue mi gran compañero y quien, con el tiempo, me puso el ejemplo de fortaleza cuando decidió dejar de beber.

En una ocasión, yendo de un pueblo a otro, nos detuvimos en la carretera porque teníamos que orinar. Los dos teníamos porros de marihuana en la bolsa. De repente vimos cómo se nos acercaba una patrulla en motocicleta. Yo sabía que si nos atrapaban para mí era deportación segura. Empalidecí. Pero Blair, antes de que nos preguntara nada el policía, se acercó con él y le dijo:

– Qué tal oficial.. ¿Sabe usted en dónde podemos ir al baño?

El oficial se quedó asombrado con el arrojo de mi amigo y apuntando hacia la campiña dijo:

— Ahí hay mucho espacio, orinen donde quieran.

El policía se subió a su moto, la encendió y se fue. Después del golpe de adrenalina yo no podía parar de reír por el desenfado de mi gran amigo. Se había hecho presente otro más de los ángeles protectores que me ayudaron durante mi estancia en Europa.

Una mañana de otoño llegó mi amigo Dennis a mi departamento a visitarme. Decidimos comer en una cantina mexicana, El Café Pacífico, en el barrio de Covent Garden. Llegamos desde temprano y nos sentamos en la barra. Empezamos a tomar cerveza y tequila y platicar de momentos y anécdotas. En pocas horas ya estábamos muy borrachos los dos.

De repente llegó un grupo de ingleses en parejas. Dennis me desafió a tocar a una de las mujeres y yo bastante intoxicado le acepté el reto. Toqué a una de las mujeres y su novio me advirtió: "Si la vuelves a tocar te voy a golpear". Haciendo caso omiso de su advertencia, lo volví hacer. Entonces los tipos me tomaron de las solapas y me arrastraron hasta un callejón y ya no tengo memoria de lo que pasó. Solamente recuerdo haber recibido una paliza.

Dennis sí pudo escaparse. Llegué al Metro como pude y en el momento en donde me introduje en uno de los vagones, recibí las miradas de asombro de todos los pasajeros. Estaba cubierto en sangre y suciedad. Llegué a mi departamento como pude, me desvestí y tiré la ropa a la basura. Cuando me vio Cuauhtémoc me dijo asombrado: "¿Qué te pasó?". "Me asaltaron", le mentí. Me daba vergüenza decirle la verdad.

Al día siguiente llegué a la escuela y mis compañeros se sorprendieron al verme en ese estado. Les dije la misma mentira. Hoy que lo recuerdo, no sin dolor, estoy consciente de la tenacidad de la enfermedad, que a pesar de haber vivido un evento en el que pude haber perdido la vida yo seguía tomando. Ni siquiera estando en situaciones de altísimo riesgo el ego quiere aceptar su enfermedad. Esa fue una de las primeras llamadas que me hicieron ser consciente que me debía detener, pero no sabía cómo, ni cuándo. Sabía que mi vida corría peligro y sin embargo seguía consumiendo. Así transcurrieron meses y años en el que seguía en el consumo, no podía parar. Pero Dios tenía otros planes para mí. Regalarme a mis hijas para poder despertar y hacerme responsable. Hasta tocar el fondo más duro de la vergüenza.

Luego me puse a pensar cómo tuve el arrojo de haberme ido a estudiar teatro al otro lado del mundo y convertirme en todo un borracho y fumador de marihuana. Pero creo que Dios me dijo: "¡Híjole! Pues te voy a cuidar, porque tuviste las agallas y la locura para salir adelante".

Creo que en esta vida debes tener un cierto grado de locura que te surge de la creatividad y con eso aprendes a salir adelante. Con el tiempo fui entendiendo que la vida está llena de desafíos y obstáculos, y la creatividad puede ser un recurso poderoso para superarlos.

Aquellas personas que abrazan su locura creativa son más propensas a encontrar soluciones creativas a los problemas que enfrentan en un momento clave de sus vidas. La capacidad de adaptarse, de improvisar y pensar fuera de la caja puede resultar determinante y crucial para superar las adversidades. Se convierte en un gran reto de resiliencia.

Locura, creatividad y coraje. Una combinación perfecta para salir adelante. Ya les contaré más de ello en mis ensayos en la Parte 2 de este libro.

5. De Londres a Monterrey

La sensación que viví en Londres fue de pesadez, de ansiedad y de angustia. Esto lo "anestesiaba" con mayor consumo de alcohol cada día que pasaba. Hoy veo como significó un milagro el hecho de haber durado todo un año en un país ajeno al mío. Cuauhtémoc y yo pasábamos horas apoyándonos, y aunque él ya había tenido la experiencia de vivir en Alemania, lo veía también sufriendo. Él también se sentía con una profunda soledad.

La experiencia fue muy lejana a la historia que había escuchado de mis amigos que decían que no querían regresar. Yo realmente ya quería dejar todo esto atrás para regresar a casa, a mi terreno conocido. Al llegar a Monterrey me di cuenta cómo el viaje me transformó. Porque si bien fue difícil en extremo mi estancia, aprendí a vivir en libertad.

Cuando regresé a mi casa sentí un ambiente agobiante. Y en el trabajo también. Reglas, ordenes, un "deber ser", en un ambiente cerrado, puritano y sofocante. A mi regreso me encerré por espacio de una semana en mi estudio y me puse a repasar las diferentes corrientes artísticas que había aprendido. De ahí realicé mi propia técnica, una técnica innovadora, muy diferente a lo que el público en México estaba acostumbrado.

A los seis meses de mi regreso a Monterrey me casé con Conchis y nos fuimos a vivir a un departamento espantoso en el centro de la ciudad de Monterrey. Ese lugar ardía en los veranos y era un congelador en los inviernos. Me sentí desplazado del ambiente medio burgués al que estaba acostumbrado toda mi vida. El lugar era ruidoso, pasaban los camiones urbanos cerca de mi departamento y podía escucharlos toda la noche. Inclusive un día nos abrieron la puerta principal del departamento y nos robaron, lo sentía como una profanación.

La primera obra de teatro que monté después de Londres fue un éxito. Venía gente de todo México para ver al "nuevo artista", un muchacho de 24 años que destacaba como director en Monterrey. Mi padre me invitó a desayunar un día y yo pensaba que me iba a felicitar, pero fue todo lo contrario. Me dijo: "Te invité a desayunar porque quiero decirte que te van a despedir. Antes te peleabas con tus compañeros de trabajo, pero ahora te vas a pelear con tu jefe. No va a haber forma que él aguante tu éxito".

Sus palabras fueron ciertas y fue entonces que sufrí mi primer revés, mi primera traición. Mi jefe compró junto con una actriz los derechos de la obra y pretendían montarla en la Ciudad de México para luego llevarla de gira. ¡Iba a mis ensayos a copiarse mis trazos! Quería que le diera la música que yo había traído de Londres, a lo cual no accedí. Lo llegué a confrontar y a decirle que… ¡Cómo me iba a robar!

— Así es la vida— dijo. La actriz principal es mi amiga y no te va a dejar dirigirla.
— Yo puedo dirigirla —contesté.
— Si quieres me puedes asistir.
— No, prefiero irme con dignidad —reviré.

Finalmente nunca dirigió la obra porque con el tiempo aprendí que te pueden robar cosas materiales, pero tu creatividad nadie te la puede quitar. La afamada actriz montó la obra en Ciudad de México y fue un fracaso monumental.

A pesar de todo no tenía otras opciones y no tenía dinero, la paga era muy mala. Así que me tuve que quedar. Mi frustración era mucha y mi alcoholismo seguía en ascenso. Sin embargo, siguieron los éxitos y monté otras cuatro obras que literalmente llenaban el auditorio.

En ese entonces ya había empezado a trabajar por mi cuenta como locutor. Empecé a percibir cantidades que en ocasiones rebasan mi sueldo que ganaba en la universidad. Había ocasiones en las que ya no regresaba en la tarde porque tenía trabajo. Un día se me acerco mi jefe y me dijo: "Si quieres continuar trabajando en la tarde por tu cuenta vas a tener que llegar más temprano". Él había notado que bebía mucho y sabía que el horario matutino me iba a reventar. Fue su estrategia para que yo renunciara. Decidí hacerlo antes de que me despidiera.

Para ese entonces yo ya había instalado un estudio de grabación en mi casa. Y eso fue mi salvación. Fue entonces que inicié mi carrera como publicista. Era un diciembre y en enero mi esposa me anunció que estaba embarazada… y la economía en casa no andaba nada bien.

6. En la Publicidad y la Política

Me instalé en el *trabajolismo* en los noventas, justo cuando dejé de tomar. Mi mente se aclaró. Una cadena importante de farmacias de Monterrey me asignó un contrato para el departamento de fotografía. Había que filmar en formato de 35 mm, como se hacían las producciones a nivel nacional. Eso era mi sueño desde que estudiaba comunicación. Quería hacer comerciales en formato de cine.

Me decidí ir a una agencia de publicidad en Monterrey para ver si les podía rentar el equipo y me lo negaron. Le hablé a un amigo que producía en Dallas para ver si me daba algunos contactos y tampoco me los quiso dar. La empresa farmacéutica ya me habían dado el anticipo y ahora no sabía qué hacer con él. Llegué a pensar en devolverlo.

Mi cliente me preguntó: "¿Tienes la capacidad para hacer comerciales en cine?". Y yo le respondí que sí, aunque en mi vida había visto una cámara de 35 mm. Pero sentí un poderío y una seguridad en mí que me daba la certeza que lo iba a poder realizar.

Me fui a la Cámara Americana de Comercio. Fue lo primero que se me ocurrió. Decidí pedir un directorio que incluyera la sección amarilla del área de Dallas. De ahí saqué algunos nombres de las casas de post-producción. Regresé a mi oficina, hice algunas llamadas, compré mi boleto de avión y en dos días estaba ya en Dallas, investigando quién me podía ayudar a post producir unos comerciales que pretendía yo dirigir en Monterrey.

Tuve la suerte de conocer a Chuck Hatcher, un extraordinario director de fotografía. Me dijo que él trabajaba en una casa productora y que si quería me podían coordinar la realización de los comerciales. Allá tuve acceso a las mejores cámaras, productores, talento, modelos y equipo de post producción. Los comerciales quedaron excelentes. En aquél entonces perdí cinco mil dólares solamente de viajes, viáticos y hotel. Pero no me importaba, había sido mi universidad de publicidad en cine.

Fue también en una etapa en donde tuve que emplearme como burócrata en el Consejo para la Cultura y las Artes de Nuevo León. Ahí tuve mi primer contacto con la política. En el Consejo reinaba un ambiente hostil. Te encontrabas expuesto todo el tiempo con tus compañeros de trabajo y con otros políticos. Sin embargo, me pude mantener ahí por espacio de tres años. Me despidieron porque yo continuaba con mi trabajo como publicista y ya estaba considerado eso como un conflicto de intereses. Un estratega llegó conmigo y me dijo que existía la posibilidad de hacer una campaña política.

En menos de dos meses me dieron una campaña de publicidad de Navidad y ahora sí ya estaba en camino para convertirme en el mejor publicista de Monterrey. El trabajo se convirtió en una adicción. Tuve altas y bajas. Por esos años, en los noventas, pasé por inflaciones, devaluaciones, recesiones y, sin embargo, las pude soportar creyendo en lo que estaba haciendo.

Un gran amigo me preguntó: — Oye, ¿tú crees en San Judas Tadeo?— me preguntó.

—No seas ridículo, por favor, ¿cómo un psicólogo como tú, que ha estado en las altas esferas de la política federal, me está hablando de religión?— le respondí.

— Acércate con ese gavilán, hace milagros—, me aclaró.

Yo estaba pisando un fondo importante en mi vida y me dije: "¡No pierdo nada!". El templo de San Judas Tadeo estaba muy cerca de mi oficina y decidí acudir. El estratega me decía: "Él es el patrono de los casos difíciles y desesperados y es el primer experto en marketing religioso porque al final de la oración dice que tienes que fomentar su devoción".

Al ingresar al templo empecé a hablar con la figura de San Judas. Me sentí absolutamente fuera de lugar, no podía creer lo que estaba haciendo. Me dije: "¿Qué pasó con tus estudios en Londres y Nueva York? ¿Qué estás haciendo aquí en el templo rezándole a un santo que ni siquiera crees en él?". Me senté en una de las últimas butacas porque no quería que nadie me viera. Empecé a hablar con él y le dije: "Pues dicen que tú eres el patrono de los casos difíciles y desesperados, dame trabajo porque debo mucho dinero".

Después de una semana el estratega me dijo: "Lanzaron de candidato a un amigo mío en Tamaulipas. Vente, vamos a visitarlo. Pasa por mí". Nos fuimos en mi camioneta y llegamos al bunker del candidato a las 12 de la noche. Pasamos a su oficina y me dirigió la palabra:

— Me dicen que tú eres el mejor publicista de Monterrey, ¿es cierto?

— Sí es verdad, no hay nadie que haga cine en Monterrey mejor que yo— le respondí con aire de orgullo.

—Muy bien, ya te puedes ir— dijo el político.

Salimos de ahí y le dije sorprendido a mi acompañante:

— ¿Qué paso ahí adentro?

— Así es la política— respondió parco.

Después de unos cuantos días me hablaron para decirme que podíamos hacer la campaña interna. La ganó nuestro candidato. Después de haber competido con otras agencias de publicidad me dieron la campaña constitucional. Desde ese momento en adelante empezó mi trabajo como consultor político. Llegué a ganar grandes cantidades de dinero y mi ego se infló cada vez más. Me sentía imparable. Era como cuando había sido estrella de teatro. Ahora tenía el papel protagónico como consultor político y productor de comerciales a nivel nacional.

Me quedé un año trabajando con el nuevo gobernador de Tamaulipas y yo seguía ganando cantidades fuertes de dinero. Pude comprar terrenos y mucho equipo. Me sentía poderoso y, sin embargo, cada vez más solo. Mi insomnio volvió, me tuvieron que dar ansiolíticos y los tomaba cada vez con más frecuencia. Vivía como una doble vida; portentoso como empresario y aterrado como ser humano.

Cada vez usaba más medicamentos y ya nada funcionaba. Mi mente estaba fracturada. Abandoné a mi amigo el estratega. Fue uno de los peores errores de mi vida. Traté con el tiempo de enmendar el daño con él y no pude. Fue el inició de mi quiebra, de mi noche oscura del alma, una noche que tardé 20 años en reparar para poder salir de ella.

Yo sabía que trabajando en la política estaba en un terreno pantanoso, traicionero y tóxico. Sin embargo, la paga era muy elevada y yo sentía que mi vida profesional iba a tener esa constante. Mi ego se robusteció porque podía dirigir a gente portentosa y, sin embargo, me tenían que hacer caso. Les decía qué tono tenían que usar. Mi ego se inflaba de soberbia pensando que yo las podía todas, que podía ser descortés. Es decir, un poco *me acostumbré* a los modos de la política. Me quedé trabajando ese sexenio en Tamaulipas por espacio de dos años y comencé a ver cómo muchos seguidores del gobernador empezaban a tomar cada vez más fuerza.

Cuando uno está trabajando en campaña, los candidatos invierten todo lo que sea necesario para poder ganar. Sin embargo, una vez instalado el programa de gobierno, la publicidad ya no es tan importante. Una vez estando el gobernador en la silla me dijo que quería que trabajara en su programa de gobierno. Yo pensé que por espacio de seis años iba acumular suficientes ganancias para no tener que trabajar por el resto de mi vida, pero no fue así.

Después del segundo año, empecé a sentir cómo me empezaban a hacer a un lado y los amigos del gobernador tenían cada vez más influencia en él. Mi papel como publicista se fue mermando. Me empezaron a ocultar información, a ponerme trampas, me dejaban de invitar a las reuniones de consejo, hasta que finalmente llego el momento en donde me dijeron: "Ya no vengas".

Empecé a ver comerciales realizados por publicistas muy reconocidos de la Ciudad de México. Sentí cómo mi orgullo se lastimaba y, en un arrebato, decidí que quería instalar mi casa productora en la Capital. Pensé que iba a poder competir con las grandes compañías productoras y con las arrendadoras de equipo cinematográfico.

Me fui para allá casi sin pensarlo. Veía el mercado de Monterrey como poco a poco se paralizaba por lo cual decidí emprender el viaje para investigar nuevos horizontes en la ciudad que más miedo me daba del mundo. Llegué totalmente improvisado con mi equipo y con una estabilidad económica bastante importante. La estadía en la Ciudad de México fue aún peor que en Monterrey. Las casas productoras estaban acostumbradas a presupuestos muy elevados y estilaban rentarles a las mismas casas arrendadoras con las cuales ya tenían una relación de muchos años.

Decidí comprar equipo nuevo pensando que así iba a poder instalarme en las grandes ligas. Desde luego que no fue así. Pasaban los meses y nadie me contrataba. Traté de hacer alianzas con las otras casas arrendadoras y éstas aprovechaban mi situación para pedirme precios cada vez más bajos. Pero faltaba más esfuerzo. En mi estancia en México conocí guionistas reconocidos, directores de cine y yo quería ser parte de esa grey intelectual. Y entonces llegó el momento de catalizar aún más mi caída.

7. Mi problema de alcoholismo

Ya había tocado muchos fondos: golpes, burla, brevemente la cárcel, abandono. Había perdido completamente mi dignidad. De haber sido un director de teatro aclamado en mi ciudad no podía comprender porqué, cuando hacía uso del alcohol, perdía totalmente el control y me convertía en un monstruo.

Un día viajé a la Ciudad de México por la encomienda de un cliente que me pidió cerrar un acuerdo de teatro con un artista. Un amigo mío me acompañó y el negocio no funcionó. Nos fuimos temprano a comer a un restaurante que se llamaba El Caballo Bayo. Tenía una terraza hermosa y yo pedí una margarita.

Él me dijo en un tono sardónico: "Oye.. ¿así hacen los negocios en Monterrey?". Sentí un golpe de vergüenza inmensa que me recorría todo el cuerpo y no supe qué responder. Pedí un tequila y después siguieron muchos más, perdí la cuenta. En menos de dos horas estaba totalmente "ahogado". Cuando uno está bebiendo piensas que los demás están siguiendo tu ritmo y entran a ese mismo estado de separación de la conciencia, pero la realidad es que no es así. Él no tenía un problema alcohólico y yo todavía no lo reconocía en mí.

Al final de la comida le dije que si me podía llevar al aeropuerto para regresarme a Monterrey y me dijo: "Manuel, creo que en ese estado no sería conveniente que te subieras al avión". Él trabajaba en una cadena hotelera y me dijo que me podía alojar ahí y que no me cobrarían el hospedaje para que pudiera dormir. Al día siguiente él me llevaría al aeropuerto me dijo. Yo le respondí que no era necesario, que me encontraba bien. Esa es una de las mentiras que el alcohólico se cree: Piensas que estás en control cuando tu vida se convierte totalmente ingobernable.

En aquel entonces no existían tantos filtros de seguridad. Y por golpe de suerte me dejaron pasar. En el vuelo de Monterrey a la ciudad de México, me había encontrado a un maestro del Tec, él era chileno. Recuerdo que había sido una persona muy exitosa ya que representaba a una marca de computadoras muy afamada que apenas iniciaba en el mundo y sabía que se había vuelto multimillonario. Yo lo calificaba como una persona arrogante, ciertamente una imagen de mí mismo. Su personalidad me chocaba y la envidia me corroía, porque yo siendo mexicano sentía que tenía más derechos que él. Ni siquiera lo saludé, en el vuelo de regreso tenía un vago recuerdo de haberlo vuelto a ver.

Ahí en el aeropuerto me encontré a otro amigo con el que había coincidido en el departamento de Difusión Cultural del Tecnológico de Monterrey. Él era cantante en mi época de actor. Yo había dejado mi carro en el estacionamiento del aeropuerto y le ofrecí llevarlo a su casa cuando llegáramos a Monterrey, a lo cual respondió:

—Manuel, ¿te encuentras en condiciones de manejar?

— Sí— respondí.

— Vivo en el Contry, es probable que te quede lejos— puntualizó tratando de zafarse de mi oferta.

Yo le respondí que no tenía ningún problema. ¡Claro que yo estaba completamente borracho! Lo llevé a su casa que estaba ubicada en las faldas del Cerro de la Silla. Salir de esa zona para dirigirme a mi casa representó un enorme desafío, ya que no conocía las calles por allá. Eventualmente puede llegar a una avenida que conduce directamente a San Pedro, el área en donde por aquel entonces yo vivía.

Recuerdo ir al volante y sentir que me estaba durmiendo. Con un sopor que me invadía y me cerraba los ojos lo único que quería era llegar a mi casa y dormir. Sentí que no iba a llegar por lo cual pisé el acelerador a fondo y conduje a 150 kilómetros por hora. Ahora visualizo que tomé esa decisión con la intención de dormir… pero para siempre.

Recuerdo haber llegado a mi casa y abrir el portón haciendo mucho ruido. Con tanto movimiento desperté a mi hermano que era mi vecino. Lo saludé torpemente y me dirigí a mi casa. Creo recordar que mi esposa no estaba. Subí a mi habitación, entré al baño y vomité. Tengo claro en mi memoria haberme visto al espejo y ver la imagen de un monstruo, la parte más oscura de mi ser.

"¿Qué vas a hacer?", le preguntaba yo al Manuel reflejado en el espejo. "Este no eres tú. Vas a tener que dejar de tomar. No sé cuándo y no sé cómo, pero tienes que dejar de beber porque te estás muriendo".

En ese entonces sentía un dolor en la parte derecha del tórax en donde se encuentra el hígado. Estaba muy cercano a padecer una cirrosis hepática. No tenía opción: O paraba de beber o me iba a morir.

Al día siguiente amanecí con una resaca terrible. Sentía como si me hubieran enterrado un hacha en el cerebro y mi cuerpo temblaba incontrolablemente. Con la obesidad no me podía mover, no podía ni siquiera respirar bien en las noches. Mi cuerpo estaba enfermo, con ginecomastia. Y por más que pretendía esconder mi figura con ropa holgada solo de ver esa imagen me provocaba asco.

Me preguntaba: "¿Qué te pasa? Has sido una persona tan exitosa como artista y empresario. ¿Qué te pasa? Pareces un *teporocho*". Traté de rasurarme y no pude.

Bajé a la cocina y me serví un vaso de vodka con un poco de jugo de tomate, era más alcohol que otra cosa.

Me lo tomé para poder estabilizar el pulso y lograr rasurarme. Pensé que ya había tocado fondo, pero todavía faltaba más. Mi ego se resistía a aceptar que era un borracho. Y, sin embargo, en lo más profundo de mi ser yo sabía que estaba enfermo. Pero aceptar ese hecho me parecía imposible.

Yo pensaba que los alcohólicos eran indigentes, viviendo en la miseria, bajo los puentes o en la calle. Y yo era una persona con mundo, viajes, educación y dinero. Ese estigma no era para mí, y, sin embargo, yo sentía el descontrol de mi vida que se estaba haciendo pedazos, mi alma estaba rota, fracturada. Mi alma estaba triste, desesperanzada y solamente podía anestesiarla en mi siguiente borrachera o con un cigarro de mariguana.

La depresión se acentuaba cada vez más y la desesperanza de la vida me abrumaba. Por aquel entonces dos de mis empleados se asociaron y pusieron una casa productora con el mismo servicio que yo daba y sabía que me iban a traicionar. Me quedé solo como en muchas ocasiones me he quedado solo.

Me sentía victimizado, triste, desesperado. Había desarrollado una co-dependencia con la cual he luchado toda mi vida para lograr mi soberanía, mi verdadera independencia, sin tener que depender de nada y de nadie más que de mi propia voluntad alineado con el poder de Dios. Sin embargo, tuve un ápice de esperanza al reconocer que no podía continuar destrozándome de esa manera.

No existía ropa que me quedara, todo me incomodaba. No entendía qué era lo que me estaba pasando, pero sabía que de alguna forma le tenía que poner fin. Me sentía tan miserable y carente de amor propio que lo único que me sostuvo fue pensar que si no lo hacía por mí lo haría por mis hijas para que no crecieran con la imagen de un papá borracho. Me dije: "Cuando menos que te quede el último respiro de dignidad. Para que tus hijas no crezcan con la vergüenza de tener a un papá borracho".

Un día nos fuimos a Ixtapa con unos amigos y seguí consumiendo alcohol. Sabía que tenía un viaje más a Aspen y en ese momento determiné un destino: "Regresando voy a dejar de tomar". Yo ya lo sabía. Estando en Aspen aprendí a esquiar por puro orgullo. Las espinillas de las piernas me dolían como si tuviera un clavo por la presión de las botas. Cada vez que me caía me resultaba una tarea imposible volverme a levantar y, sin embargo, lo hacía. Ya ni siquiera era por dignidad, lo único que me motivaba era el orgullo, de mostrar que a pesar del inmenso peso que tenía, lo podía lograr. Ya era lo único que me quedaba.

Ese lugar ubicado en Colorado es maravilloso. Me pareció un bello pueblo minero y ni así lo podía disfrutar. Lo único que me sostenía era que mi alma ya sabía que ese era el fin. Y empecé a sentir una esperanza y una alegría que no había experimentado en toda mi vida. Porque me di cuenta que sí quería vivir, que le quería dar el sí a la vida, no quería morir. Mis hijas eran muy chicas y sabía que me necesitaban. Si seguía así iba perderlo todo, hasta la vida misma. Como buen alcohólico tuve que llegar a los extremos.

De regreso de Aspen invité a mis íntimos amigos a una carne asada un domingo. Tomé cerveza, consumí marihuana y me debí de haber tomado más de medio litro de aguardiente con refresco de toronja. Amanecí el lunes con una cruda infernal. Me fui a mi oficina, le hablé a mi amigo y le pregunté más detalles acerca de un médico que me enteré que era muy bueno y muy recomendado.

Hacía unos cuantos años yo le había hecho una entrevista a este médico para un centro de rehabilitación. En la sala de espera tenía un autodiagnóstico para personas que consideraban que tenían un problema con el alcohol. Yo lo respondí y prácticamente califiqué en todas las preguntas con un sí. Desde ese momento yo sabía que tenía un problema. Él era un médico reconocido como una autoridad en adicciones a nivel nacional. Mi amigo me dijo: "Es el mejor". De inmediato le agradecí, conseguí su teléfono y le marqué.

Me contestó la secretaria y me dijo que él ya no veía pacientes nuevos. Le dije: "Señorita, por favor, necesito una cita, dígale que soy hijo de Dámaso Fernández, su amigo". Ella me respondió que lo que podía hacer era consultar con él y ponerme en lista de espera. Durante esa semana yo no tomé y me di cuenta de que me estaba sintiendo cada vez mejor. Mi mente se estaba clarificando y podía dormir mejor. Desde niño padecí de insomnio y mis padres me regalaban libros para que pudiera dormir, como si fueran un somnífero.

En esa semana de espera llegaba a mi oficina y me sentaba al lado del teléfono para esperar la llamada. Yo no le había dicho nada a nadie acerca de mi condición, permanecía en silencio. Regresaba a la casa y una vez más me sentaba al lado del teléfono ansioso de recibir la llamada, no perdía la esperanza.

Finalmente sonó el teléfono y escuché la voz de la secretaria indicarme: "Si llega en quince minutos el doctor lo puede recibir entre una cita y otra, no le puede dar más de 20 minutos". Tomé las llaves de mi carro, bajé las escaleras tan rápido como pude y me fui a toda velocidad para tratar de llegar puntual, no me importaban las señales de tránsito, ni los semáforos.

Yo necesitaba llegar al consultorio, tenía el anhelo de que por fin una persona me dijera la verdad de lo que tenía que hacer. Llegué, pasé a consulta y después de unos minutos llegó el doctor, un hombre muy alto, imponente. Con un rostro de absoluta seriedad me preguntó:

— ¿En qué te puedo ayudar?

— Tengo un problema con mi forma de comer, eso es muy evidente, porque estoy muy gordo y creo tener un problema con mi forma de beber — contesté.

— ¿Tú crees eso? — preguntó. Le dije que sí.

— Ya tenemos el 99% resuelto— dijo ¿Cuándo fue la última vez que tomaste?

— Hace una semana.

— ¿Cuánto? — me cuestionó. Y le describí la borrachera de la carne asada.

— Es mucho. Tú sabes que soy muy amigo de tu papá, tomo café con él—dijo.

— Sí, lo sé —le respondí.

— A mí no me importa de quién eres hijo, aquí se hace como yo te digo, si no ni me hagas perder mi tiempo ni pierdas tu dinero.

Después me di cuenta que lo que él estaba haciendo era desmantelar mi ego, bajar mi orgullo a su mínima expresión. Y yo le dije:

— Acépteme por favor como paciente y usted no va a tener problemas conmigo.

— Muy bien vente dentro de una semana, eso es todo— respondió.

Se me hizo un tanto extraño que la cita no durara más de diez minutos y, sin embargo, mi corazón se llenó de esperanza porque yo sabía que él me iba a ayudar a sanar.

En toda la semana no tomé y me sentía cada vez mejor. A la semana volví a una segunda cita.

—¿Tomaste en esta semana?

— No— contesté.

— Qué bueno porque quiero tratar tu problema con el alcohol. Ya se te fue de las manos.

Inclusive lo expresó extendiendo sus manos hacía mí y haciendo un gesto. Recuerdo que se me subió la sangre al rostro y me dio una especie de ataque de pánico.

—¿Soy alcohólico?— pregunté.

— No sé, yo aquí no veo problemas morales, tú no puedes digerir el alcohol— contestó el doctor.

— ¿No puedo tomar nada?

— No, si yo te digo que puedes tomar algo suave como un poco de vino en una limonada se te va a despertar la obsesión una vez más y no la vas a poder detener — dijo.

— ¿No puedo tomar nada?— pregunté de nuevo.

— No, tienes que ver esto a largo plazo.

Regresé a la casa un poco aturdido y le conté a Conchis, mi esposa, lo que había ocurrido. Le dije la verdad: "Fui con un doctor amigo de mi papá especialista en adicciones y me dijo que ya no podía tomar". Ella siempre había sido prudente conmigo y solapaba mis borracheras. Nunca me reclamó nada ni me señaló nada.

Todos mis amigos tomaban, algunos en exceso, nuestras carnes asadas no eran otra cosa más que una borrachera disfrazada. Después de unos días fui una vez más con el médico.

—¿Tomaste en esta semana?— cuestionó.

—No— dije.

Y luego me hizo una pregunta sorpresa, extraña por su naturaleza, una que no vi venir:

— ¿Cómo está tu alma?— preguntó.

— Muy bien— contesté.

Se me hizo un tanto extraño que usara ese término: Alma. Porque sentía que eso era exclusivo de personas que eran allegadas a la religión o la espiritualidad y nada de eso resonaba conmigo y sin embargo sí sentía el alma más tranquila, simplemente con el hecho de poder dormir.

Me despidió y antes de irme me dijo: "Nomás no te vayas a enojar". No sabía a qué se refería. Eso lo entendí después. Pasaron dos o tres meses y ciertamente me empecé a enojar. Sentí qué había desperdiciado treinta años de mi vida, que los había tirado a la basura intoxicándome en alcohol. De los cero a los diez años viví una infancia dura, miserable.

El alcohol me llegó —o más bien "le llegué"— muy pronto en mi vida. Como pre-adolescente comencé a consumirlo porque me ayudaba a mitigar mi soledad. A los quince años ya tenía la enfermedad instalada y fue una carrera brutal de intoxicación hasta los treinta.

Me empecé a sentir resentido con todo y con todos. Sobre todo, me sentía enfadado conmigo mismo por haberme destrozado de esa manera. Sentí que había tomado malas decisiones en mi vida. Experimenté una inmensa sombra de frustración que me perseguía.

Me reclamaba a mí mismo: "¿Que había hecho? ¿Por qué no tuve esta información antes?". Yo no sabía que era un alcohólico, no sabía que estaba enfermo. Tuve que regresar con el doctor a tratar este enojo. Siempre me he considerado como una persona enojona, corajuda. En mi casa me decían que era un neurastérico, no sé si existe o no esa palabra, pero así me calificaban. Me decían: "Te enojas hasta porque pasa la mosca o porque hace calor". Y era cierto.

Algo peor me dijo una vez un asesor: "Vienes de un padre y una madre alcohólicos y casi con seguridad te concibieron en consumo. Tenías pocas posibilidades de no portar la enfermedad y no tienes la culpa; ellos tampoco".

Una vez me preguntó el doctor:

— ¿Tú de pronto no te sientes muy feliz y luego muy triste?

— Maniacodepresivo no soy— respondí.

— Muy bien, solamente era una pregunta— aclaró.

Conocía el término porque a mi hermana le habían diagnosticado ese trastorno y me aterraba tener el estigma de estar condenado a esa enfermedad. A ella le habían recetado litio y nunca le funcionó. Murió joven. Sin embargo, en una ocasión me preguntó: "¿Consideras que tú has sido un niño triste?". Y yo le dije que sí, que la tristeza me había perseguido como un monstruo toda la vida.

Le pregunté al doctor que si yo era candidato para tomar un antidepresivo y me dijo que no, que me podía llevar a estados eufóricos que no eran convenientes. Después de un tiempo acepté las fluctuaciones de mis estados anímicos. Era verdad, de pronto estaba muy eufórico y de pronto sentía una depresión paralizante y no me quedó otra más que acceder al litio.

De inmediato me dieron agruras y él me dijo: "El medicamento no da agruras, es el estigma que le tienes a la medicina". Me lo cambió por otro medicamento y ciertamente empecé a sentir una mejoría. Por espacio de quince años tuve que hacer uso de los medicamentos para poder funcionar en la vida.

Hoy es un buen día para morir

Después de esos quince años de terapia, siempre trabajando desde un punto de vista científico, intelectual y cognitivo, mi vida se interrumpió. Era una angustia existencial que viví a pesar de obedecer todas las instrucciones del médico. Después de mi primera quiebra fui a una consulta y le dije que a pesar de que estaba cumpliendo con las indicaciones que él me daba, yo me seguía sintiendo mal.

Le dije: "Tomo los medicamentos que usted me indica, trato de hacer ejercicio regular, cuidar mi alimentación y, sin embargo, siento que mi vida no está funcionando". Yo sabía que había algo mal en mí, pero no lo lograba identificar.

Siempre pensé que el mundo exterior era un reflejo de mi vida interior y me provocaba un disgusto importante. Si mi medio ambiente no estaba bien, quería decir que yo internamente tampoco lo estaba. Pero no lograba atinar qué era lo que estaba mal en mí. Después de mi discurso reiterativo me preguntó:

—¿Viste el eclipse ayer?—

En ese momento no logré entender bien la pregunta. Le contesté que sí.

—¿Solo?— preguntó.

— No, estuve con mi hija, una hora sentados viéndolo.

— Eso es la vida, tener la capacidad de asombrarte con un evento cósmico y estar acompañado de tu hija. Porque hay gente que no puede ver o si puede ver no puede admirar. Y hay personas que no pueden tener hijos. Y, sin embargo, tú lo tienes todo.

Los monjes tibetanos cuando se despiertan admiran el día y dicen: "Hoy es un día soleado, hoy es un buen día para morir". Al día siguiente amanece nublado y se dicen: "Mira es un día nublado, hoy es un buen día para morir". Viven su vida en función de la muerte no de la vida. Porque nadie tiene garantizado más que un solo día y nada les quita la felicidad.

Recuerdo muy bien que en esa consulta se levantó con su figura imponente y sentenció: "Querido Manuel yo no tengo nada más en que ayudarte, busca tu vida espiritual". Me empujó suavemente y me dirigió a la salida.

Al salir me quedé parado en la banqueta sin poderme mover. No estaba seguro de lo que había sucedido en esa sesión. Si él me agregaba o me cambiaba un medicamento, yo iba con la receta a la farmacia y lo compraba. Sin embargo, me preguntaba dónde compraría ahora mi vida espiritual. En aquél entonces yo no era creyente, mi relación con Dios era de protesta.

Me decían que los seres humanos éramos la creación más preciada de Dios. Sin embargo, yo no lo creía. Se me hacía completamente inverosímil. Yo sí creía que existía un Dios. No pensé que fuéramos una creación espontánea, un accidente cósmico. Estaba convencido de que una entidad superior había tenido la capacidad de la creación de todo el universo. A pesar de tener una mente intelectual, en el fondo de mi ser sí creía en Él pero tenía la impresión de que no me quería, que no le caía bien. Y mi sentimiento era mutuo.

Solo pensar en el termino "espiritual" me provocaba un profundo conflicto. No tenía siquiera un concepto del alma, se me hacía completamente ajeno. El concepto "espiritual" tenía para mí connotaciones esotéricas exclusivo del *New Age*, hippies o monjes recluidos en monasterios meditando todo el día. ¿Que me quiso decir el médico con "busca una vida espiritual"? No tenía ni la menor idea. Sin embargo, no tenía alternativa porque sentía que me habían dado de alta… algo que pensé que no iba a suceder nunca.

8. En San Diego con Chopra

Después de haber sido dado de alta por el médico que me atendió por la enfermedad de alcoholismo investigué acerca de la meditación porque pensé que me podía servir. Decidí irme a San Diego a un retiro con Deepak Chopra, un popular conferencista hindú, pionero de la medicina mente-cuerpo. Yo ya había leído algunos de sus libros con otra consciencia y no los logré entender.

Llegué a San Diego sin expectativas de ningún tipo. Antes de empezar el curso nos hicieron una pequeña ceremonia en donde nos asignaban un mantra en base a nuestra fecha y hora de nacimiento. Me decían que era una llave de acceso al universo. Sin creerlo mucho me abandoné a las instrucciones de los maestros.

Al día siguiente comenzó el retiro que fue iniciado por David Simon, el socio de Chopra. David era un médico especializado en la medicina holística. Nos reunieron a alrededor de trescientas personas en un centro de eventos de un hotel. Oscurecieron la sala y solamente brillaba una luz central sobre David.

Con una voz pausada nos dijo: "Perdónense: Ustedes no sabían que las decisiones que tomaron hace tiempo al final tendrían un resultado negativo. La forma de poder desactivar el resentimiento es pensar que en ese momento había sido una buena idea, y que las decisiones que se habían tomado se hicieron en otro nivel de la consciencia".

Sentí un golpe en el corazón, como si su discurso estuviera dirigido solamente para mí porque yo me sentía un fracasado. Una serie de preguntas afloraron en ese momento: ¿Cómo pude haber tomado esas decisiones en ese momento? ¿Porque invertí tanto? ¿Para qué me fui a la Ciudad de México tratando de destacar? ¿Qué sentido tenía todo?

Estaba muy confundido y perdido. A pesar de quince años de abstinencia, mi vida profesional se había convertido en un inmenso fracaso y aún faltaba el colofón que era presentar en festivales una película que por ese tiempo decidí realizar. Nos enseñaron a meditar, practicábamos yoga, comíamos alimentos veganos, nos enseñaban acerca de la medicina ayurvédica, del funcionamiento del cerebro, de los beneficios del silencio y de cómo a través de toda esta disciplina podíamos acceder nuevamente a la abundancia.

También nos explicaron acerca de las leyes universales del menor esfuerzo, el karma, el dharma, de cómo acceder a la genialidad o a la divinidad de cada uno. De cómo no solo podíamos depender exclusivamente del ego o de la mente para funcionar en la vida, sino lo que teníamos que hacer para tener contacto con un poder superior, una energía universal, una totalidad que nos podía ayudar si nosotros lo deseábamos y se lo permitíamos.

Nos enseñaron acerca del funcionamiento de las siete chakras y qué significado tenía en la existencia, desde la raíz hasta la corona. Iniciábamos la meditación haciéndonos las típicas preguntas: ¿Quién soy? ¿Qué quiero? ¿Cuál es mi destino? ¿De qué estoy agradecido? Al principio no podía contestar ninguna de las cuatro.

Mi corazón estaba lleno de resentimiento. Nos regalaron un morral con el dibujo de un mandala, unas piedras de poder y un cuaderno con las instrucciones para meditar. Nos enseñaron a bailar con música hindú y yo me sentía de lo más ridículo. Me preguntaba qué estaba haciendo ahí, después de haber seguido el protocolo alopático y cognitivo de un médico, pero me sorprendí cuando espontáneamente estaba atorado de la risa. Quizás era lo que necesitaba: Quitarme esas corazas de la adultez y no tomarla tan en serio. Esa es la base de todo el sufrimiento.

Al final de la semana mi esposa me preguntó:

— ¿Cómo te sientes?

— No estoy seguro, pero creo que estoy oficialmente graduado de hippie— respondí.

Algo que me llamó poderosamente la atención era que uno de los requisitos para poder acceder a la abundancia implicaba regalar un detalle todos los días. No necesitaba ser un objeto material. Podía ser una oración o una buena intención hacía otra persona, o aún mejor hacia toda la humanidad. Entendí que esto era una forma de salirme de mi ego, de mi enfermedad. Al buscar el bienestar de otra persona podía tener algunas muestras de humildad y de buena voluntad.

Regresé a Monterrey sintiéndome considerablemente mejor. Empecé a practicar en una forma muy disciplinada la meditación sin estar completamente seguro de cómo funcionaba. Ví como me sentía más calmado, más tranquilo. Mi socio se había ido, se había separado de mí y había instalado otra casa productora. Cuando se fue me dijo: "No te preocupes, yo no te voy a competir, me voy a asociar con mi hermano y vamos a hacer una empresa de publicidad con unas pantallas en los baños". Me habían invitado a ese negocio y yo no creí en él. Después de un par de meses su negocio no prosperó y decidió volver a hacer lo mismo que habíamos hecho juntos por quince años.

Un día llegué a la oficina y me dijo Alicia mi secretaría: "¿Ya sabe que su ex-socio puso una casa productora?". En otra ocasión yo hubiera respondido con una tremenda ira. Esta vez realmente no sentí nada. Es más, hasta lo comprendí. Él había sido mi productor por espacio de quince años y era evidente que iba a perseguir el mismo oficio. Decidí ir a su oficina y lo encontré sentado en una silla frente a un escritorio improvisado haciendo algunas cuentas.

Él estaba solo en una oficina desprovista de equipo. Todavía no iniciaba su trabajo. Cuando me vio se sorprendió. Él conocía mi carácter arrebatado, agresivo y hostil. Pensó que le iba a reclamar ya que él me había dicho que no iba a trabajar en el mismo ramo.

— ¿Cómo estás compadre?— preguntó.

—Bien, ya supe que pusiste una casa productora— contesté.

— Sí, no me entendí con mi hermano pero te aseguro que no voy a tocar ninguno de tus clientes.

De inmediato le respondí que yo no iba a reclamarle y le dije: "Te traigo un par de libros que a mí me han ayudado mucho, *Como crear abundancia* y *Las siete leyes espirituales del éxito*. Espero que te sirvan". Le dije que si quería yo podría ayudarlo en alguna de sus producciones. "Estoy disponible, ahí está el equipo para la renta y si quieres te puedo dirigir alguno de tus comerciales, aunque ahora los protagonistas son puros chavitos, yo ya pasé de moda. Y si no quieres trabajar conmigo yo lo voy a entender, que tengas una buena vida". Y me fui.

Con el tiempo me confesó que había llegado a su casa y le dijo a su esposa: "Algo le pasó a Manuel, viene muy cambiado".

Con el tiempo entendí que para realmente transmutarte en una nueva persona tienes que tocar fondo. Yo he sido un maestro de fondo toda la vida, no he tocado solo uno, he tocado muchos pero he rebotado. Y no lo digo con autocompasión. La crisis me ha perseguido toda la vida, o más bien yo la he buscado como un estilo de vida.

La palabra "crisis" está relacionada con "crisálida" la membrana que cubre a la larva antes de convertirse en mariposa. Para poder romperla tiene que ejercer toda su fuerza. Si alguien corta la membrana las alas no se fortalecen, la mariposa cae y nunca puede volar. Me he dado cuenta de que he pasado de una crisis a otra porque mi alma quiere seguir creciendo, quiere seguir evolucionando. Y así lo he hecho toda la vida. No me puedo estar quieto.

En muy poco tiempo ya estaba nuevamente en el ambiente político y logré tener tres años sumamente prósperos. Sí, había dado resultado el trabajo espiritual. Me di cuenta que sin grandes esfuerzos y simplemente fluyendo con la existencia, podía lograr grandes cosas.

Empecé a creer profundamente en Dios, ingresé a grupos de entendimiento espiritual, yoga, meditación, estudié el Curso de Milagros y conocí la tabla de conciencia del Dr. David R. Hawkins. Todas las herramientas me regalaban una profunda paz y a la vez un desarrollo profesional y una gran afluencia económica. Por fin había encontrado a Dios.

En la primera reunión de los círculos espirituales, a los que después milité con frecuencia, escuché la narrativa de un amigo mío que decía que en *El Cantar de los Cantares* había un pasaje que decía que un hombre con el corazón de piedra, si accedía a Dios y a la vida espiritual, se podía convertir en un hombre con el corazón de carne. Esa frase sacudió mi alma. Me di cuenta de que mi corazón estaba lleno de odio y de resentimiento y que efectivamente se había convertido en un corazón de piedra.

9. Adictos, La Película

Transcurría el año 2003 y una noche trabajando todavía en la Ciudad de México empecé a sentir un dolor muy fuerte en la garganta. Conozco las gripas desde niño, siempre me han acechado. Sin embargo, esta dolencia parecía más fuerte de lo normal. Esto frisaba ya en una rinofaringitis que no me permitía respirar. Me ardían las fosas nasales, la garganta, sentía los bronquios taponados, me dolía al toser y al estornudar.

Llegó un momento en el que pensé que me tendrían que hospitalizar. Y en lo único que pensaba era en mi padre, pues si llegaba el caso de tenerme que internar quería que él estuviera a mi lado. Esa madrugada, a las cuatro de la mañana le hablé a Pepe Zaragoza, mi chofer, y le dije: "Ven por mí, siento que me tienen que hospitalizar. Llévame al aeropuerto". Llegó por mi alrededor de las cinco de la mañana, nos fuimos al aeropuerto y compré un boleto en el primer avión que salía a Monterrey.

En el trayecto del vuelo me topé con una revista llamada Men's Health. La empecé a hojear y ví un artículo que se llamaba: "Mi Vida de Perro". Se trataba de la historia de un sexo-adicto. El tema me llamó mucho la atención porque era la primera vez que oía ese término.

El autor narraba cómo había tenido cientos de encuentros con diferentes mujeres. Su postura era: "Si tú crees que te puede provocar envidia mi historia por haber tenido tantas parejas, continúa leyendo para que conozcas mi infierno". Cada vez que terminaba un encuentro con una mujer diferente, él experimentaba momentos depresivos muy profundos. Sabía que tenía que parar esa conducta pero le era imposible. Simplemente pasaba de una conquista a otra sin importarle el físico o condición social. Simplemente necesitaba su siguiente *fix*.

El autor detallaba en la historia cómo al término de cada encuentro juraba que ese sería el último y, sin embargo, a la primera oportunidad planeaba su próxima conquista. Su vida estaba hecha añicos. Encontró un grupo de sexo-adictos anónimos. Llegó al sótano de una iglesia lo cual para acentuar más su depresión era en la que él se iba a casar. Sin embargo, su mujer al darse cuenta de la conducta desarticulada decidió dejarlo. Él estaba desesperado y no encontraba la ruta de salida. Literalmente estaba en las sombras atrapado por lo que después supo, era una enfermedad.

Sus padrinos le decían: "Vas a estar bien, eres adicto a la conquista y al placer". Él comentaba que muchas veces le provocaba más euforia el acto de conquista que sus encuentros sexuales. Esto se debía a una descarga en su química cerebral de dopamina. En una ocasión un psiquiatra nos indicó que el centro de placer del sexo se encuentra en el mismo centro del placer de la cocaína. Es decir, para poderse desprender de una adicción tan fuerte podía ser tan difícil o más que quitarse la droga.

En la conquista sexual o la búsqueda de un romance está implicado siempre la vinculación emocional con una pareja. Sin embargo, cuando uno deja el alcohol o las drogas no existe una relación afectiva, por ende, es mucho más difícil desprenderse de la co-dependencia. El autor del artículo detallaba el programa de 12 pasos en donde las personas tienen que, primero que nada, admitir la enfermedad y que su vida se ha vuelto ingobernable.

Mencionaba que había que abrir la consciencia y entender que no se puede depender del contacto con la mente, sino que había que aceptar que la única dependencia sana es la de un poder superior. Uno de los pasos sugiere enmendar los errores y las faltas cometidas con las personas ya que el adicto no solo se auto destruye, sino que afecta a las personas que están a su alrededor, particularmente las más cercanas.

El autor narraba en el texto su peregrinar con las mujeres con las que había tenido contacto para enmendar los daños o simplemente disculparse con ellas. Ese artículo me llamó poderosamente la atención porque yo no identificaba cómo la sexualidad podía distorsionarse hasta convertirse en una patología.

Llegué a Monterrey y de inmediato me fui a la casa a un lugar seguro. Me traje la revista conmigo y la seguí leyendo. Luego me acosté para tratar de disipar un poco el malestar que traía desde la Ciudad de México.

Pude conciliar el sueño por varias horas y me desperté a las cuatro o cinco de la tarde. Entonces se me ocurrió comenzar un guión, inspirado por aquella lectura en el avión.

En casa había una computadora de mis hijas y les pregunté: "¿Cómo se enciende? Simplemente me contestaron: "Se le oprime este botón". Les pedí que me abrieran un documento y escribí las primeras palabras, "Cristina: en mi casa le decían el abrazo íntimo. Elena: ¡Qué mamón!". Y así empecé.

Desarrollé seis personajes principales y en una forma absolutamente frenética no podía parar de escribir. Las palabras me fluían como si fueran dictadas por alguien más poderoso que yo. Me sentía como drogado. Había ocasiones que me levantaba a las dos de la mañana porque sentía cómo me hablaban los personajes. Y para que no se me fuera a olvidar un solo detalle me dirigía hacia la computadora e incluía la idea que me acababa de llegar. ¡Terminé el guión en menos de tres días! Solo me faltaba incluir los testimonios de algunas terapias colectivas.

Fuera de eso la estructura del guión ya estaba realizada. Se lo mostré a poca gente, pensé que con una cantidad moderada de dinero la podría realizar. Tenía todo el equipo para hacer una película. Cuando mostraba el guión casi todas las reacciones fueron similares. Un amigo me cuestionó porqué un discurso tan estridente el del guión. Le respondía: "No lo sé, así salió".

Claramente era un reflejo de cómo me sentía en la Ciudad de México, perdiendo dinero diario, sintiendo la quiebra inminente, viendo cómo todos mis esfuerzos no habían dado resultado. Estaba yo muy enojado y eso lo reflejaba en toda la gente a mi alrededor, con mis empleados y mi familia. Muchas veces llegaba a casa y simplemente me encerraba, no quería ver a nadie y que nadie me viera, Me sentía como una pantera herida, arrinconada. Con toda la vida en contra, con la existencia en contra. Y hasta lo que pudiera pensar que significara como Dios en contra.

Estaba en un lugar oscuro, sombrío, lóbrego y no podía salir de él. Recuerdo una de las frases en el guión en donde Cristina le dice a su pareja: "Yo no tengo la culpa de que estes así". Y él contestaba "¿Así cómo?". A lo que ella respondía: "Frustrado, enojado, como si estuvieras sumergido en un pantano que no te deja avanzar". Así me sentía yo. En un lodazal que no me dejaba avanzar.

La sensación era terrible porque de haber sido una persona muy activa de pronto me di cuenta que mi *trabajolismo* iba disminuyendo. Y, sin embargo, quería realizar la película, era un anhelo que tenía desde hacía muchos años. El texto tenía influencias de varias películas que me habían impactado, como *Damage* de Louis Malle; *Sex, Lies and Videotape* de Steven Soderbergh; *Irreversible* de Gaspar Noe; y la narrativa ametralladora de David Mamet, un autor de teatro que siempre admiré.

Yo pensé que iba a poder alcanzar a estos artistas, pero no tomaba en cuenta la trayectoria, los mentores y la experiencia de tantos años de estos cineastas. Desde luego apoyados en grandes estrella como Jeremy Irons, Mónica Bellucci y Juliette Binoche.

Una actriz de la Ciudad de México llegó a leer el texto. Cuando la conocí yo iba vestido como todo un ejecutivo cineasta. Al hojearlo me dijo sorprendida: "Nunca pensé que una persona como tú pudiera escribir un texto así, yo no quiero participar en tu película". A pesar de que el comentario lastimó mi ego yo seguí adelante.

Finalmente reflexioné: "No necesito actores de renombre para hacer una película de autor". Recordaba la película *PI* de Darren Aronofsky que se realizó con un presupuesto muy bajo. Con actores sin el nombre de la marquesina este cineasta había logrado un éxito extraordinario. Leía las historias de éxito de los nuevos directores y de cómo habían ingresado a la élite de Hollywood. Yo tenía mis sueños de pompa y poderío. Creo que hice la película más que nada para demostrarme a mí mismo que la podía realizar.

Otro amigo que leyó un extracto me decía: "Manuel, esto es una bomba". Y Emma, una corredora de arte, me dijo: "Te van a crucificar". Y así fue. Aún y que era una labor de amor y que muchas personas fueron solidarias conmigo y trabajaron sin paga, hubo otras que repudiaron el guión y no quisieron participar.

Carlos, el director de fotografía, un profesional de renombre en la Ciudad de México que me ofreció sus servicios sin cobrarme, me dijo que su padre había comentado que solamente las prostitutas hablaban así, con ese lenguaje tan vulgar. A pesar de que incluía términos sofisticados, también incluía palabras vulgares. Era una combinación entre un trabajo espiritual y uno terrenal. Y ciertamente el terrenal era bastante descarnado.

Yo pretendía hacer la película con actores en desuso no conocidos y en un principio la idea era hacerla en un solo lugar. Era prácticamente una obra de teatro soportada por el diálogo. Esto hubiera sido económicamente factible, ya que yo tenía un presupuesto destinado para la película. Finalmente sabía que yo iba a tener que financiarla toda.

Sin embargo, una amiga cineasta me sugirió que no me limitara solamente al diálogo, sino que se recrearan algunas partes del texto. Yo le dije que eso iba a desestabilizarme en el presupuesto, pero me convenció de que podían ser unas cuantas tomas.

Como buen compulsivo decidí jugarme el todo por el todo. Se extendió una semana más la filmación recorriendo varias locaciones que me terminaron desgastando totalmente. Había que incluir las sesiones de post-producción de audio, corrección de color y transferencias de 35 mm a formato digital.

Analizando esta experiencia en retrospectiva me doy cuenta de que yo necesitaba acelerar mi fondo, un pretexto contundente para terminar con esa hemorragia financiera y emocional que se significaba la Ciudad de México y regresar a Monterrey. Sentí una paz que hacía mucho no había experimentado, dejaba atrás mi necesidad de reconocimiento y abracé con gusto el regresar a mi terruño con gente conocida, con personas que me apreciaban y que estaban dispuestas a trabajar conmigo.

Recuerdo que cuando reinauguré mi negocio en Monterrey organicé un open house para todas las casas productoras que necesitaban arrendar mi equipo. Expresé unas cuantas palabras de agradecimiento por la asistencia y les dije que regresaba a Monterrey con gusto y que la frase que retumbaba en mi mente y mi corazón era: "¿En qué los podemos ayudar?". Esto era algo que había aprendido en el retiro de meditación, en el que nos sugerían salir de la obstinación del ego con el simple concepto de ayudar a otra persona.

Mi negocio se revitalizó inmediatamente, las casas productoras me rentaban el equipo, arranqué nuevos proyectos y mis finanzas en poco tiempo se empezaron a estabilizar. Faltaba el punto final, estrenar la película en Monterrey.

Yo había escrito un contrato con Dios ofreciéndole la realización y el resultado de la película pensando que me podía ayudar a triunfar. Este protocolo lo había leído en un libro de título *El Camino del Artista* de Julia Cameron. En el libro la autora comparte herramientas para despertar la creatividad a través de la escritura y de hacer un contacto consciente con el creador.

Y así lo menciona Cameron: *el creador*, en minúsculas (claramente para no tener un conflicto con connotaciones religiosas). Su postura es que todos somos creadores y que todos tenemos la capacidad para inventar, para realizar. Ciertamente sentía que aún y de lo desaseado del texto, éste venía escrito por alguien que no era yo.

La directora artística me comentó en una reunión después de varias copas que mi película era como una cachetada. La había mandado a traducir al francés porque recibí una invitación para estrenarla en Biarritz y el traductor me dijo: "Tu película c'est hard (es dura)". En el fondo de mi ser ya sabía lo que me deparaba el destino: un fracaso público monumental.

Al poco tiempo de haber iniciado el rodaje me di cuenta de que el proyecto se me había ido totalmente de las manos. Tenía un guión difícil, abrasivo, estridente. Representaba una propuesta del ego, compleja con un lenguaje en ocasiones agresivo, en otras demasiado sofisticado.

Y, sin embargo, me di cuenta de que no me podía detener. Me sentía fracturado. Por un lado mi mente me decía: "¡Detente! Te van a hacer garras". Y por el otro escuchaba a mi espíritu que decía: "¡Arrójate! No te puedes detener". No sabía si mi mente o mi espíritu estaban llevando a cabo esta tarea pero mi única certeza era que tenía que seguir adelante. Desde un inicio yo sabía que iba a fracasar.

Y aun así decidí terminarla. Las escenas se hacían cada vez más gráficas, más eróticas. Y yo sabía que el ambiente puritano de Monterrey me iba a atacar y llamarme pornógrafo y me haría el hazmerreír de la sociedad por haber hecho una película completamente desarticulada. En una ocasión le dije a un amigo: "Me van a hacer pedazos". Y él me contestó: "Ya lo sabías, pero aun así tienes que seguir adelante".

Yo sentía que era alguien más quien estaba llevando este proyecto. Sentía que no era yo, que era una energía superior a mí. Me preguntaba cómo era posible que Dios me hablara de esa forma o quisiera retratar con esa brutalidad la perversidad sexual en el ser humano.

Mi psiquiatra me decía: "No puedes parar esa película, estás escribiendo tu historia. La gente te va a recordar hasta después de muerto". Sin embargo, mi angustia se hacía cada vez más intolerable. Había permanentes discusiones entre los actores. El dinero se me estaba fugando por día y yo me sentía en un túnel obscuro, sin fin. Pensé que no tenía salida, llegué a imaginar que me iba a morir.

Mi médico me decía: "Qué bueno que estás sufriendo porque quiere decir que tu película está viva". Siempre he considerado que soy una persona miedosa. Pero no soy cobarde. Así que decidí irme hasta el final. Pero también me di cuenta de la nobleza de los seres humanos. Todos aquellos que participaron en la película me decían: "No la pares Manuel, no la detengas, todos te apoyamos. Estamos orgullosos de nuestro trabajo y lo tenemos que proyectar, que no te dé vergüenza, siéntete orgulloso con lo que estás haciendo".

Entre todas las dudas y temores durante su realización al final de la producción me llegó una buena noticia: una invitación a exhibirla en el Festival Iberoamericano de Guadalajara, el más prestigiado de México. Desde que llegué a esa ciudad me di cuenta de que ya me habían hecho a un lado. Me asignaron una de las salas más remotas en un horario perdido. La estrené con la sala a medio llenar, pero en menos de unos minutos la gente empezó a levantarse de sus butacas. Me dolía la espalda. Sentía un profundo miedo a lo que estaba sucediendo.

El público no toleró la película a pesar de que tenía una realización muy decorosa. Al día siguiente la crítica no se hizo esperar. El encabezado de un diario local decía algo así: *Cruel, muy cruel*. Fue publicada en las páginas interiores de la sección cultural. Ya me habían advertido: En el cine lo que mejor funciona es lo más fácil, algo ligero como una comedia. Y, sin embargo, yo decidí adentrarme a lo más complejo, a lo más oscuro, al tabú, la sexualidad del ser humano.

Un amigo que había conocido en el retiro de meditación de Chopra en San Diego, un panameño muy gentil, me habló para invitarme a su país con todos los gastos pagados. Mi esposa y yo decidimos tomarnos unos días y nos dirigimos a Panamá. Yo no lograba superar el fracaso y me quedé en un estado un tanto taciturno, hermético. No quería hablar. Sentía que mi vida artística había tocado fondo y llegaba a su fin.

En una ocasión estábamos platicando con un agente de la CIA y su pareja, una mujer encantadora que había trabajado en la biblioteca del Instituto Smithsonian y me preguntó:

—Manuel, me dicen por ahí que usted hizo una película, que usted es el director.

Le respondí que no sabía si era director pero que efectivamente la había filmado.

— ¿Cómo le fue?— preguntó.

— La presenté en unos de los festivales más reconocidos de México y fracasó— confesé.

— ¿Y ya la presentó en Monterrey?— volvió a cuestionarme.

— No, no quiero.

— Esté como esté es su creación, las películas no están hechas para guardase en una gaveta— comentó con un tono comprensivo.

También el equipo de actores y apoyo que había participado en la película me decía, que no le hiciera caso de las críticas, que todos ellos estaban orgullosos de mi trabajo y el de de ellos. Me expresaban: "Preséntala aquí en Monterrey, renta una sala de cine y haz al menos una proyección".

Sintiéndome derrotado por lo de Guadalajara fui con mi psiquiatra. Él había sido un impulso importante de este proyecto. En su momento, cuando le dije que tenía la intención de realizarla pero que tenía mucho miedo porque me atacarían de pornógrafo. Él me respondió: "en el arte no existe la pornografía". Y me desafió:

— ¿Qué es lo peor que puedes hacer?

— No hacerla— respondí.

— ¡Exacto! Estás escribiendo tu historia, no te puedes detener— exclamó.

La película no solo incluía un lenguaje agresivo, sino que también incluía desnudos frontales, masculinos y femeninos. Esto era algo difícilmente aceptado en el cine mexicano en ese tiempo.

Me di cuenta de que hice la película por el impulso de hacerla. O quizás de destacar, hacerme famoso, y evidentemente nada de eso sucedió. Hablé con Roberto Escamilla, el director de la Cineteca de Nuevo León y le dije que la quería presentar. Sin dudar me dijo que me apoyaba.

— Roberto, ya sabes que fracasó en Guadalajara y que hay gente que me ha señalado como pornógrafo—, le dije.

— A mí no me importa, es una película y merece ser proyectada— respondió.

Entonces me convencí y me dije: "La tienes que presentar en Monterrey Manuel, si no, no vas a concluir y vas a vivir con la frustración de no haberla presentado en tu ciudad".

Parece ser inverosímil que, a pesar del escarnio y la burla, yo quisiera seguir adelante a pesar de que sentía que estaba agonizando. Sin embargo, todo ese esfuerzo y ese dinero que había gastado hubiera sido en vano si no la presentaba en mi tierra. Y aun y que mi energía era ya casi nula, algo en el fondo de mi ser me decía: "Aún no estás derrotado, tienes que seguir adelante con tu proyecto, preséntala en tu ciudad, que te valga madre".

Me consolaba a mí mismo: "Tú eres un artista y tienes una voz que mereces compartirla, mereces ser escuchado. Haz contacto con lo más profundo de tu valor y de tu poder, y preséntala aunque te rompan la madre y te crucifiquen".

Al final, en todas las sociedades —particularmente en las puritanas— siempre hay un doble discurso. Las personas se pueden disfrazar de santas, pero finalmente todos los seres humanos tienen sombra y la esconden. Me dije: "Tú estás teniendo el arrojo de exponerla. Caiga quien caiga". Y recordé las palabras de mi guía: "En el arte no hay pornografía".

Mi ser interior me decía: "Preséntala con dignidad, aunque sea el final de tu carrera artística o inclusive de tu carrera profesional. Vete por todo, aunque pierdas todo". Yo sabía que tenía que presentarla en Monterrey para poderle dar fin. Tenía la impresión de que haberla presentado en Guadalajara no había sido suficiente. Si ya me habían destazado, entonces que me terminaran dando el tiro de gracia en Monterrey, en una sociedad hermética y puritana.

El día del estreno en mi cuidad sentí cómo había dejado caer una bomba en el público. Como entre los asistentes habían muchas personas conocidas mías por consideración decidieron permanecer en la sala. Pero estoy seguro de que muchos hubieran deseado levantarse de las butacas y escapar.

De la Ciudad de México vino una crítica de cine para escribir la reseña de mi película en un diario local. El título: *Una película fallida.* Como calificación recibí media estrella de cinco. Fue mi primera y quizá la última producción cinematográfica en mi vida profesional.

10. ¡Agáchate, nos van a matar!

Un día del año 2002 recibí una llamada amenazante. Me dijeron que sabían dónde estaba mi casa y mi familia y que si no depositaba en ese momento veinte mil pesos me iban a matar. Lo hice de inmediato. Caí en la trampa.

Fui con mi psiquiatra y me dijo que esas personas operaban desde la cárcel. Usualmente eran narcotraficantes y bandas de la delincuencia organizada que tenían una red fuera de prisión para amedrentar y extorsionar a las personas. Me provocó un choque emocional que catalizó en una depresión de por lo menos una semana.

Cuando se lo platiqué a un amigo me dijo: "Esa llamada eres tú, es tu parte más oscura que está atrayendo esta energía". Me dio muchísimo coraje que me dijera esas palabras, porque lejos de obtener paz me sentía aún más irritado y deprimido. Me parecía imposible que yo mismo hubiera provocado esa llamada y, como apenas entraba en el camino del entendimiento, se me hacía totalmente inverosímil su discurso.

Los miedos más significativos de mi vida han sido el secuestro, el abandono, la quiebra y el cáncer. Mi madre constantemente me repetía que yo no tenía el derecho a estar triste, que yo no tenía problemas. "Preocúpate cuando te falten tus padres, fuera de eso no tienes derecho a angustiarte por nada".

Habiendo trascendido ese miedo me dispuse a trabajar. Logré un contrato en una campaña política y muy pronto empecé a recuperarme económicamente. En ese entonces había empezado a militar en grupos espirituales, practicaba la meditación, leí el *Curso de Milagros* y teníamos un foro de discusión apoyados en el libro de *El Poder Frente a la Fuerza* del Dr. David Hawkins. Empezaba a sentirme extraordinariamente bien, como si fuera otra persona.

Logré dejar los antidepresivos y los ansiolíticos para dormir. Adelgacé veinticinco kilos en dos meses y me sentía totalmente conectado con la gracia de Dios. Por primera vez en mi vida, puedo decir que tenía la capacidad de verificar la existencia de Él en mí.

Descubrí que mi sobrepeso estaba íntimamente ligado a mi enfermedad emocional. Paliaba mi depresión con azúcar y con excesos de comida. Después me enteré de que el comer de esa manera no era un vicio sino una enfermedad progresiva y mortal que no tenía cura. Me di a la tarea de levantarme temprano, cosa que por años no podía hacer debido al sueño químico que me provocaban los ansiolíticos.

Meditaba, hacía ejercicio, comía con moderación y me dedicaba a trabajar. Fueron seis años de bonanza en la primera década del siglo 21. Pude salir de mis deudas, comencé a viajar, compré un automóvil para mis hijas y mi socio y yo adquirimos una camioneta para poder desplazarnos dentro de Tamaulipas, que era lo que requería nuestro trabajo. Cuando terminó el sexenio de Eugenio Hernández le ofrecieron tomar la estafeta a Rodolfo Torre, también buen amigo nuestro (que luego asesinaron en plena campaña). Yo estaba feliz, pues sabía que íbamos a tener otros seis años de bonanza, con mucho trabajo y dinero.

Sin embargo, alrededor de esos años en Monterrey empezó a exacerbarse la violencia de los narcos, no solo se estaban peleando entre ellos, sino que empezaban a violentar a la sociedad civil. Hubo una época en donde empezaron a robarse camionetas como la que yo tenía y sabía que en cualquier momento algo me podía suceder. Recordaba las palabras que me habían dicho años atrás: "Eres tú, tú estás atrayendo esa energía". Solo que ahora sí lo creía.

En la política se estila que a los proveedores nos den una "ablandadita". Los polítcos que se sienten poderosos pueden dejarte esperando horas y horas hasta que deciden darte un espacio en sus agendas y recibirte. En ocasiones podía pasar hasta un día completo. Era una típica táctica con la intención de demostrarte quién tenía el poder. Yo ya estaba acostumbrado a este tipo de prácticas y, aunque me parecía molesta, no me quedaba más que aguantarme.

Un día nos citaron a las once de la mañana en Ciudad Victoria, la capital de Tamaulipas, para hablar con el coordinador de la campaña que, en su momento, había sido un buen amigo cuando era secretario particular del anterior gobernador. Pero ya siendo el coordinador de la campaña su postura se volvió totalmente diferente.

Llegamos puntuales y nos hizo esperar tres horas. Apareció su secretaria a las dos de la tarde y nos dijo que su jefe nos recibiría a las cinco. Mi socio y yo nos fuimos a comer y regresamos a esa hora. Pasamos a su oficina, nos saludó, tomó su celular y empezó a enviar y a recibir mensajes.

Esto duró dos horas más, sin que nos dirigiera la palabra. Recuerdo que mi socio me preguntaba en voz baja por qué el funcionario tenía esa actitud hacia nosotros. No lo lograba entender. La actitud de "ablandar" nuestro ego ya no solo era en una sala de espera sino frente a él, frente a su cara. Insisto, era seguramente una táctica para demostrarnos quién mandaba.

Para entonces ya empezaba a oscurecer y yo me sentía desesperado porque quería regresar a Monterrey con luz del sol. No tenía ganas de pernoctar en Ciudad Victoria. Finalmente el funcionario se dignó a dirigirnos la palabra. Nos dio algunas indicaciones que no duraron más de diez minutos y nos dijo que ya nos podíamos ir. Serían las siete de la tarde.

Le comenté a mi socio que sería conveniente quedarnos por el peligro de la carretera, pero él me dijo que prefería regresar. Yo tampoco estaba totalmente seguro de quedarme a dormir en Ciudad Victoria, así que accedí. Pasamos a una gasolinera, llenamos el tanque y compramos algo de comida y refrescos. De Ciudad Victoria a Montemorelos estuve leyendo y, sin embargo, empecé a sentir una cierta inquietud. No estaba seguro del porqué.

Ya casi al llegar a Monterrey, en un poblado llamado El Cercado, percibí cómo una camioneta se nos empezó a acercar demasiado. De pronto golpeó el espejo retrovisor de la derecha y lo único que pude imaginar era que alguien estaba manejando torpemente y había sido un accidente. Yo soy miope y no tenía mis anteojos puestos, pues me los había quitado para poder leer en el camino.

De repente escuché la voz de mi socio que me dijo: "¡Agáchate Manuel, nos van a matar!". Volteé hacia mi derecha y vi cómo de la camioneta por la ventana de atrás se asomaban dos ametralladoras apuntándonos. Me quedé paralizado del miedo y empecé a ver cómo recorría toda mi vida en mi mente.

En ese instante pensé: "Me voy a morir y me voy a morir en el miedo más grande de mi vida porque seguramente me van a secuestrar". Nos cerraron el paso y nos abrieron las puertas. Intenté tomar mi teléfono celular y mis lentes, y simplemente me dijeron: "Deja todo ahí". Salimos de la camioneta en contrasentido de la carretera y solamente escuché que nos gritaron: "¡Tírense al suelo!".

—Córrele, no voltees para atrás— gritó mi socio mientras los delincuentes abordaban nuestra camioneta y se la llevaban.

— No veo nada — dije.

— Ponte detrás de mí, sígueme — indicó.

Y así corrimos rumbo a una tienda de conveniencia. Entramos, compré una lata de refresco y me la tomé de golpe. Irónicamente no sentía nada, sentí cómo se congelaron mis emociones, como si le hubiera sucedido a otra persona y no a mí.

Le hablamos por teléfono a Carlos, nuestro asistente, y le dimos nuestra ubicación. Después de dos o tres horas pasó por nosotros. No sé por qué no tuve la claridad de decirle a mi socio que me prestara su teléfono para poder hablarle a mi esposa y decirle lo que nos había ocurrido.

Rumbo a Monterrey nos encontramos la camioneta de los narcotraficantes. A un lado sobre la carretera estaba el cadáver de una persona, seguramente alguien que traían ahí y por eso necesitaban nuestra camioneta para escapar. Fue una escena que se me quedó grabada en la memoria. Llegamos a la oficina y de ahí Lalo, nuestro productor, nos llevó a cada uno de nosotros a nuestras casas.

Llegué a mi casa. Una de mis hijas tenía una reunión social en casa y no la pude ni siquiera saludar. Me di la vuelta, me fui a mi recámara y ahí se encontraba mi esposa.

—Siéntate —le dije.

— ¿Por qué llegaron tan tarde? —me preguntó, ya que yo le había avisado que llegaría a las diez.
—Nos acaban de asaltar, se llevaron la Tahoe—le respondí directamente. Ella empalideció.

— Me están temblando las piernas — expresó.

Al día siguiente se lo platiqué a Erminia y le narré que habían estado a punto de secuestrarnos.

— ¿Estas bien? —me preguntó.

— Pues tengo algo de miedo, todavía estoy asustado, pero sí, estoy bien — contesté.

— Tú atrajiste esta situación, esos narcos representan tu peor parte, tu peor sombra —me dijo.

Quería responderle que eso era lo menos que necesitaba en ese momento. Me preguntaba cómo era posible que después del trauma que había experimentado me dijera que yo había atraído esta situación y que los secuestradores representaban lo peor de mí.

—No iba yo solo, iban también mi chofer y mi socio— le respondí.

— Los tres están mal — simplemente me respondió.

Me di cuenta entonces que tenía que salir de la política, que era un ambiente que no me gustaba, violento, hostil, traicionero y peligroso. En una ocasión un consultor político me dijo: "En el momento que entras a la política ya tienes enemigos, tienen grupos especiales que están dedicados a matar". A mí se me hacía un tanto exagerada su narrativa, pero después me di cuenta de que tenía razón.

La política como te lo da todo, también todo te lo quita. Duré dos semanas con el estrés postraumático. Al principio mis emociones estaban congeladas y aturdidas. Me sentía invencible como los sobrevivientes de los accidentes aéreos. Sentía que podía desafiar la muerte y que no me pasaría nada.

Sin embargo, después de quince días se instaló el síndrome de supresión. Me explicaron que el sentido de urgencia me había provocado una descarga exagerada de adrenalina que me hizo no sentir miedo, pero en el momento que ésta se disipó experimenté el verdadero terror.

Me deprimí. Sentía que no me podía levantar de la cama, de esta manera pude asimilar el hecho de que mi vida estuvo en la línea extrema de riesgo. Dos semanas después, un comando armado detuvo a Rodolfo Torre Cantú —ya como candidato a gobernador— en la carretera Ciudad Victoria-Soto La Marina, rumbo al aeropuerto, y ahí mismo lo acribillaron.

Esa mañana Torre Cantú viajaría a Monterrey. Le teníamos organizado un desayuno en un hotel de lujo. Al enterarme de la noticia me di cuenta que tenía que detener mi trabajo como consultor político. Sabía que tenía que dedicarme a algo más pero no sabía a qué. Por treinta años mi orientación siempre fue la de la producción de imagen.

Sentía como mi alma me decía: "Salte de esto y transmútate, transfórmate, ponte a vivir en la verdad". Pero para mí el dinero era más importante, más relevante que mi propia existencia. No atendí a las llamadas de lo que después supe que eran las leyes universales.

Y así me decían mis maestros, mis guías: ""Hay leyes universales Manuel, son leyes espirituales le guste a tu ego o no. Y están ahí para que fluyas con ellas o las rompas, para que verifiques la existencia de Dios". Se me hacía un discurso un tanto simplista, un pensamiento mágico. Totalmente inverosímil para la mente refractaria de un soberbio como yo.

De una forma totalmente perentoria y accidentada le otorgaron al hermano de Rodolfo la candidatura a la gubernatura. Yo no lo conocía, pero me alentó el hecho de que designaron a mi amigo como coordinador de comunicación social. Llegué a pensar que era mi tercera oportunidad de trabajar en gobierno, seis años más de bonanza a pesar del asesinato de Rodolfo, pero no fue así. Nos otorgaron una comisión económica minúscula y las campañas importantes se las empezaron a dar a mi competencia.

Una joven que estuvo trabajando conmigo como coordinadora de producción decidió renunciar, sobre todo debido a mi trato despectivo hacia ella. Y el latigazo del karma no se hizo esperar. Se llevó la cuenta de Tamaulipas a otra casa productora y volví a quebrar. Ahí estaba nuevamente la respuesta de lo que me había dicho Erminia: era yo el que había provocado todo esto para terminar de tocar fondo.

No perdí la vida, pero sí dinero

Luego de lo sucedido en la carretera, tras la muerte de Torre Cantú y el desaire del nuevo gobierno, entré en otra crisis. No quise ver las señales que me llevaban hacia ella. Había demasiados factores en juego pero yo seguía pensando en el dinero. Ahora me doy cuenta de que, aunque estaba en un camino de entendimiento, no estaba valorando mi vida lo suficiente; prefería ser rico.

Le di todo mi poder al negocio, le di todo mi poder al dinero. Había perdido toda mi confianza y me di cuenta de ello hasta muchos años después. Sentía que no estaba avanzado, que estaba retrocediendo y no solo en el negocio sino también emocional y espiritualmente. Físicamente no se diga: el cansancio me abrumaba, empezaba a engordar de nuevo.

Sentí que había perdido toda mi seguridad. Volvieron el insomnio y la depresión. Yo ya sabía que venía una lección fuerte en mi vida: el quebranto absoluto de mi vida profesional después de treinta años como empresario. Sabía que mi negocio se iba a terminar.

No solo me daba miedo la pérdida del dinero sino de la reputación. Todo mi poder estaba basado en mi empresa. Y, al no tener autoridad sobre otra gente, se iba a presentar nuevamente el monstruo al que siempre le había tenido tanto miedo: la soledad.

Y así fue. Las cosas cada vez iban peor, trataba de conseguir clientes en Monterrey y me cerraban la puerta. En Tamaulipas cada vez había menos trabajo. Mis amigos que estaban en el poder se lo daban a la competencia y yo cada vez me sentía más solo y más frustrado.

Lo peor del caso era que mi ego seguía tan robustecido y lastimado, entercado en mantener el negocio, aunque sabía que ya se había acabado. Porque una cosa es la tenacidad y otra es la obstinación patológica, ya que la mente llega a pensar en que hay una sola forma de hacer negocios.

Es difícil atender las señales en el momento que se presentan, sobre todo cuando tu conciencia ya está abierta. Tenemos dos opciones: o conducirnos en la vida con base en nuestra razón o escuchar a nuestra intuición y hacerle caso. La mente, el ego, tienen la capacidad de irte separando de Dios. Hacía años que me decían que el cuerpo era un termómetro para tomar una decisión. Si estabas nervioso, triste y con palpitaciones, claramente, no era la decisión correcta. Si te sientes bien, en paz, tranquilo y concentrado, es la decisión correcta. Es decir, hay solo de dos sopas: miedo o amor.

Y yo sabía que estaba actuando desde el miedo porque las cosas no estaban resultando. A pesar de haber tenido dos golpes tan fuertes, como el intento de secuestro y el asesinato de mi cliente, no quise ver las señales. No conseguiría trabajo y había estado acostumbrado por espacio de veinte años a trabajar con un solo cliente.

Sentía que tenía la espada de Damocles encima de mí, que en el momento que se cayera la cuenta yo terminaría en la ruina y así fue. Por más intentos que tuve de diversificar a mi clientela me fue imposible ya que, como llevaba años trabajando fuera de Monterrey, mis clientes se olvidaron de mí.

Cuando traté de rescatar las cuentas que llegué a tener en mi ciudad ya era demasiado tarde. La hemorragia era interminable. Yo veía las reservas de mis ahorros terminarse. Empecé a batallar para pagar la universidad de mis hijas y los seguros de gastos médicos. Pero lo más preocupante fue cuando ya no podía pagar ni siquiera la comida. Me enfrentaba a un fondo oscuro y frío en donde luego de haber sido un empresario prominente terminé en el ridículo y la ruina.

Para tratar de generar algo de dinero empecé a tomar fotografía social. Mi ego se sentía totalmente lastimado. Cómo era posible que después de haber estado trabajando con gobernadores, presidenciables y alcaldes municipales ahora estuviera haciendo fotografías de novia. Y, sin embargo, estaba dispuesto a seguir adelante.

Me mordí el orgullo y traté de generar ingresos dedicándome a ello. Sin embargo, los fotógrafos de la ciudad realizaban trabajos extraordinarios con tecnologías vanguardistas que yo no conocía, a las cuales no tenía acceso. Me fue imposible sostenerme. "Vende el equipo", me decía mi esposa, "capitalízate, vamos a cerrar". Para mi ego eso era impensable, qué iban a decir de mí.

En las buenas épocas las productoras tenían que pasar por mi oficina pues me tenían que rentar el equipo, yo tenía toda una artillería. Otros como yo decidieron cambiarse con los años del formato análogo al formato digital. Aunque traté de subirme a la ola de la nueva era ya era demasiado tarde. Ellos ya estaban armados y listos para competir y desde luego al primero que querían aniquilar era a mí.

Me sentía totalmente alejado de Dios, como si Él me hubiese abandonado. Me resentí con todo y con todos, hasta conmigo mismo por haber sido tan torpe y no haber tenido la visión a tiempo de adherirme a las redes sociales que era la nueva forma de hacer publicidad. Ya no conectaba con nadie, ni con mi socio ni con mis empleados.

Recordaba la frase que me decía mi padre: "Cuando sientes que todo está en contra es como tratar de empujar un tren de lado". Todos los esfuerzos que hacía de pedirle ayuda a mi socio, a mi gente, para que me apoyara, eran estériles. Cada uno agarró para su lado.

Ahora veo esa quiebra como lo mejor que me pudo suceder. Había leído un libro, *El Poder de la Intención,* de Wayne Dyer que hablaba de que a través de la visualización creativa se podían manifestar tus más profundos anhelos. Y recuerdo haber escrito y pedirle a Dios que me regresara el dinero, volver a viajar por el mundo, poder heredar a mis hijas, comprarle un automóvil a mi esposa y tener un trabajo digno y trascendental en Monterrey. Desde luego con la idea de que pudiera al mismo tiempo seguir trabajando en publicidad política.

Pues bien, se me concedieron los deseos, pero primero me tuvieron que despojar de cualquier vinculación que tuviera con mi pasado profesional y personal, y acceder a la verdadera abundancia teniendo la humildad de transformarme, llegar al empoderamiento y teniendo el coraje de dejarle todo a Dios.

11. Entre Chamanes y la Ayahuasca

Hace unos cuantos años, al terminar una sesión de ayahuasca en Monterrey, una amiga me contó que en sus visiones había visitado a su abuelo y que tenía dos mensajes para mí. El primero, "¡Qué no te vengan con estupideces!". Y el segundo, "Que te vayas a Perú porque ahí vas a encontrar lo que quieres".

Estaba pasando por una de mis tantas mis crisis económicas, de las más fuertes. Y encima de eso, mi cliente más importante me había dicho que por haber invitado a una persona *non grata*, enemigo político de su jefe, su reputación había quedado comprometida. En política eso está considerado como una ejecución segura.

"No te corresponde", me decían mis amigos, "ese es su problema y no el tuyo". Sin embargo, en su momento me dejé embestir por el discurso de mi cliente molesto y me puse a temblar incontrolablemente.

"Estas viviendo la serpiente en vivo", me decían, "lo vas a tener que trascender". Cuando experimentas la serpiente en medicina sabes que estás bajo el efecto de "la mareación" y que eventualmente terminará. Pero cuando la vives a pelo, no tienes idea de cuándo concluye porque estás en el plano de la hiperrealidad.

Pasaron tres semanas y entregué la campaña de ese político sin mayor problema. Sin embargo, yo ya sentía que mi trabajo de treinta años estaba a punto de irse por la borda. Si me pagaban, lo cual no estaba seguro de que fuera a suceder, me daría por bien servido. Aun así, yo sabía que un error como el que había cometido me condenaría al despido.

Me había mudado en ese entonces a una oficina minúscula cerca de mi casa. Una especie de galería de arte y estudio fotográfico. Me refugié ahí porque mi socio y yo habíamos decidido separarnos de nuevo. Estaba en un *impasse* sin saber hacia dónde iba a dirigir mi vida profesional. Me sentía totalmente perdido.

Estaba haciendo una sesión de fotografía cuando recibí una llamada de Erminia, mi amiga. "¡Vámonos a Perú!", me dijo, "pásame a tu asistente para darle las indicaciones de los vuelos". No tuve tiempo para pensarlo, así que le pasé el teléfono a Alicia para que procediera a seguir las indicaciones de Erminia. Cuando terminé la sesión, Alicia ya tenía la reservación de los vuelos para irnos a Lima, pasar un par de días en la capital y de ahí volar a Pucallpa.

Regresé caminando a mi casa, todavía aturdido por la decisión tan intempestiva que acababa de tomar. Todavía no podía asimilar lo que había pasado hacía unos minutos. Llegué a comer y le solté la noticia a mi esposa. Le dije que no había tenido tiempo de pensarlo y que ya estaban todos los vuelos comprados. El tema del alojamiento lo veríamos al llegar al albergue en la selva peruana.

No tenía idea de qué iba a vivir, pero mi cuerpo ya empezaba a experimentar un serio malestar. Sentía fiebre y nauseas; mi mente estaba aterrada porque ya sabía que iba directo al infierno. Me dijo una chamana:

— ¡Que te vas a Pucallpa Manuel…!

— Así es —le dije.

— Prepárate, allá es más *dark* la cosa.

Ese fue el término que utilizó: *dark* (sombrío u oscuro). Pasaba las noches con insomnio por el miedo a lo desconocido. Desde mi segunda bancarrota empresarial no había salido de viaje. Me había conservado en una zona de confort, literalmente contenido en mi casa. A veces sentía que no me podía ni siquiera mover.

Levantarme de la cama representaba un esfuerzo y en ocasiones simplemente abrir la puerta de mi casa e ir a recoger el periódico parecía una tarea imposible, casi titánica. Mi vida estaba sin rumbo, porque a pesar de que ya había entrado al camino del entendimiento sentía que la enfermedad me estaba avasallando, sentía que el ego me tenía atrapado, atenazado. Experimenté una tristeza que recuerdo haber vivido solamente en la niñez. Un miedo a vivir. No sabía qué me podía deparar el día.

Cuando me invitó Erminia sabía que tenía que irme. Poco antes de partir me enfermé, mi estomago no soportaba el miedo y tenía depuraciones constantes. Sentía cómo la planta ya estaba trabajando en mi. Llegué a pensar en cancelar el viaje, estaba acobardado. Me pregunté si realmente tenía el coraje y las agallas para irme, pero en el fondo de mi alma sabía que lo tenía que hacer. Estaba en una encrucijada, en un punto coyuntural de mi vida. ¡Hacerlo o morir! Sabía que iba a pasar por un tránsito doloroso y pesado. Un encuentro con mi origen, con mi primera vida aquí en la tierra.

Le pedí a Marcelo, un amigo mío aficionado a las excursiones, que me prestara una maleta. Las que yo tenía no me iban a servir para esta aventura porque necesitaba un *backpack*. Desde que lo coloqué en mi espalda sentí el peso que tenía que cargar, no tanto el físico sino el emocional. En una ocasión una astróloga me dijo: "A ti te gusta cargar a las personas, a la familia, tus emociones y las ajenas. Eres como un Atlas". Yo sabía que eso era parte de mi enfermedad, una forma de orgullo exacerbado capaz de sufrir y absorber el sufrimiento de los demás.

El día de la partida caminé por la privada de mi casa rumbo al portón y me temblaban las piernas, me sentía desvanecer. Sentía el peso de la maleta en mi espalda y me sentía ajeno a mi persona. Toda la vida había viajado en el lujo, con personas que me servían y cargaban mi equipaje. Ahora tendría que hacerlo solo, sin la ayuda de nadie.

El día de mi partida fui a dejar a mi esposa a su trabajo, los dos íbamos en silencio. Vi que ella estaba conteniendo las lágrimas porque desde que nos casamos no nos habíamos separado tanto tiempo. Cuando llegamos al kínder donde ella laboraba me dijo con la dulzura que le caracteriza: "Solamente no te vayas a quedar allá de chamán". Le respondí que no se preocupara, que iba a regresar. En lo más profundo de mi alma yo sabía que regresaría transformado, no sabía si para bien o para mal. Fui todo el camino al aeropuerto en silencio.

El chofer del taxi quería entablar conversación conmigo, pero a mí no me salían las palabras. Sentía angustia, porque sabía que iba a un viaje hacía mi interior para escudriñar lo más profundo, lo más enfermo, lo más negativo de mi ser. Me iría a encontrar con esa sombra, ese *monstruo interior* que habitaba en mí, que tenía la capacidad de carcomerme la mente y el alma, martillarme y cincelarme constantemente diciéndome que ya no valía, que no merecía estar aquí.

Recordaba las palabras de mi madre cada año cuando era mi cumpleaños y que en muchas ocasiones olvidaba felicitarme consciente o inconscientemente. En uno de mis aniversarios le pregunté: "¿Por qué no me felicitas?". Y me contestó: "porque en los cumpleaños se debe felicitar a la madre, no a quien los cumple, por el dolor que nos provocaron al nacer".

Siempre en mi vida desarrollé una culpa por existir. Claramente le había provocado un malestar a mi madre al nacer. Y sentía que no tenía derecho a vivir por haberle provocado ese dolor. Cuando mi padre escuchaba los comentarios cáusticos y estridentes de mi madre simplemente permanecía en silencio. No tomaba parte en ello. Hasta mucho después, supe que mi padre que era depresivo y que sufría en silencio. La chamana me decía: "Eres culpójeno desde que naciste, te dieron el regalo más grande de tu vida, que fue nacer y ni siquiera eso pudiste disfrutar porque sentías que no merecías estar en esta tierra".

Llegué al aeropuerto de Monterrey. Allí tuve que evacuar en muchas ocasiones, tenía pánico de subirme al avión porque sentía que me podía accidentar y estaba seguro de que no soportaría esa vergüenza. Trataba de sobrellevar el pánico poniéndome una careta de fortaleza, la misma que he usado prácticamente toda mi vida. Ha sido un útil mecanismo de defensa para poder sobrevivir que yo conocía desde antaño. Tener un rostro duro, frío, imperturbable para que nadie se pudiera dar cuenta de la enorme tristeza que cargaba. Era como vivir una doble vida, el personaje que me había creado para poder solapar esa debilidad.

Unas horas antes de aterrizar en Lima me puse a platicar con un hombre peruano. Me dijo que había trabajado seis años en Japón sin un solo día de descanso, pero que era la única forma que podía mantener a su familia. Me asombraba su historia porque me lo decía con una candidez como si fuera algo enteramente natural. Le pregunté si hablaba japonés, me dijo que no, que él se daba a entender.

Aterrizamos casi de noche. El aeropuerto estaba aún más lleno que el de Ciudad de México. Había ciudadanos de todo el mundo ya que Perú se había convertido en el nuevo destino espiritual de las personas que querían sentir la majestuosidad de Machu Picchu.

Sentí la nostalgia inmediatamente, quería regresarme, porque estaba presente la imagen de mi esposa y de mis hijas. Sabía que tenía que volver después de esto. Mi hermano, un hombre noble y gran figura paterna, me envió un mensaje antes de irme que decía: "Manuel, sé que vas a un viaje largo, no estoy seguro del motivo por el cuál te vas. Lo único que me imagino es que vas a un encuentro espiritual. Por favor, mantenos en tus oraciones". Cuando recibí ese mensaje sentí que se me partía el alma. Hacía mucho que no sabía de él.

Después de leer las palabras de mi hermano recordé también lo que una asistente del estudio fotográfico que en ese entonces estábamos montando me comentó: "Manuel sé que te vas a Perú y no sé a qué vas, pero por favor pide por nosotros para que nos podamos curar".

Yo no lograba entender el porqué de esas palabras, por qué la gente pensaba que yo podía transmitir una energía y que yo podía ayudar a las personas. Siempre me consideré un empresario que pensaba solo en el dinero, en salir adelante, en destacar como publicista, como artista, pero no como una persona que se pudiera dedicar al servicio de los demás y poder intercambiar el amor con la humanidad y al mismo tiempo sanarme.

Salimos del edificio de la terminal del aeropuerto de Lima y el ambiente era caótico en la zona de espera a pasajeros. Se nos acercaban los taxistas de una forma violenta, agresiva. Poco a poco fui conociendo la personalidad de los peruanos: directos, frisando en la descortesía. Con tal de ganar algo de dinero para poder sobrevivir. Alicia, mi secretaria, se había encargado de hacer las reservaciones en un hotel cercano al aeropuerto de Lima, estaba a unas cuantas cuadras.

Apenas habían pasado unos minutos y ya habíamos llegado. Era una colonia humilde y le dije a Erminia que no me atrevía a bajarme. El hotel era más bien un albergue "de mala muerte", como diríamos los mexicanos. Había estado siempre acostumbrado a viajar a todo lujo por Londres, París, Ámsterdam, Nueva York. Se me hacía inverosímil lo que estaba viviendo en ese momento. Me negué a hospedarme ahí y le dije a Erminia que nos fuéramos a algo decente.

El taxista nos sugirió irnos al famoso barrio Miraflores. Llegamos a una casa de clase media. Me recordaba a las casas de algunas tías que vivían fuera de la colonia de la alta sociedad, a la que yo había estado acostumbrado toda mi vida, la colonia Del Valle. Era una casa vieja y oscura, con olor a decadencia, a vejez y a humedad. Nos dieron una habitación en la que dormiríamos los tres, algo que yo jamás había experimentado: pernoctar en comunidad.

Al día siguiente bajamos al comedor y nos dieron un desayuno básico que consistía en un pedazo de pan y un café. Terminamos y caminamos rumbo al mar, bajamos unas escalinatas interminables y sentía como me desmayaba. El pan apenas había saciado mi apetito, pero era lo que nos correspondía por el precio, no nos podían dar más. Me sentía como en una cárcel. El miedo y la tristeza me invadían, me sentía solo, descarnado y perdido. Mi único pensamiento era que ya me quería regresar y, sin embargo, sabía que tenía que seguir a adelante.

Caminamos rumbo al puerto que era más bien como una caleta en donde pretenderíamos comer. Recuerdo que les decía a mis amigos: "No sé qué me pasó, yo era un espíritu libre, no sé en qué momento se convirtió mi vida en un deber ser". Y Erminia me respondió más o menos algo así: "Si bien eres un espíritu libre, lo que le da sentido a tu vida es tu amor y el amor a tu familia".

Pasamos por algunos restaurantes en los cuales yo quería detenerme a descansar y comer. Tenía sed, hambre y frío. Pero Erminia no se quiso detener. Se nos acercó una mujer y nos ofreció que fuéramos a su restaurante y ahí caímos en una de muchas trampas. El restaurante no era más que un techo de lámina y unas mesas de plástico.

El olor en el lugar era fétido, pero teníamos ya qué comer. Veía lo insalubre del lugar, desaseado y primitivo. Pedí un refresco (Inca cola, muy popular en Perú) que me supo a medicamento, casi como un jarabe para la tos. Pero mi sed era abrasadora, mi paladar estaba muy acostumbrado a la clásica gaseosa gringa llena de cafeína y de efedrina que te provoca una especie de euforia.

Mi mente no lograba comprender porqué estaba ahí, sentía esto como un castigo y después me di cuenta de que efectivamente lo era, una reprimenda a mi ego para poderlo desmantelar, para poderlo colapsar y poder encontrar mi verdadera esencia. ¡Pero no sabía cuál era!

Me sentía despojado de todo lujo, de toda comodidad, sintiéndome enfermo y desprotegido. Estaba ahí, a merced de un país que no conocía, con gente extraña que yo sentía violenta y aprovechada de la ingenuidad de los turistas dispuestos a despojarlos de unos cuantos dólares. Me sentía en un espacio ignoto y peligroso. Después me di cuenta de que así es la vida: peligrosa. Y es que existir es en sí peligroso y complicado. Sabía que tenía que acceder a todo mi coraje y hacer contacto con mi poder solamente para soportar ese viaje y extrapolarlo a sobrellevar también la vida.

A los alrededores del jacal donde comimos se encontraba el mercado de pescados, el lugar era insalubre y yo veía como escamaban los pescados con cuchillos oxidados; los desmembraban, les cortaban la cabeza y les extraían las entrañas. Veía los ojos de los animales inertes y así me sentí: *muerto*. Sentía como me estaban extirpando las entrañas, la propia existencia. Me preguntaba una y otra vez qué estaba yo haciendo ahí, una persona adicta al placer, ahora caminando por una experiencia de sufrimiento y de dolor. De reencuentro conmigo mismo.

Empecé a sentir una especie de furia conmigo mismo y con Erminia por haberme convencido de viajar allá y yo por acceder. Me sentía cansado y quería regresar al hotel y, sin embargo, seguimos caminando por horas y horas. Nos fuimos a la Plaza de Armas y, como yo había comido poco, volví a experimentar hambre. Quería comida conocida, comida basura, como la que fabrican los norteamericanos, *junk food*. Algo que reconociera mi cuerpo, mi mente y mi emoción. No el exotismo de lo que estaba viviendo.

Sin embargo, el exótico era yo, el ajeno a ese país era yo. Era el indeseado. Aquél que viene y que interrumpe con la tradición del que realmente sí pertenece a ese lugar. En ese momento me di cuenta de que, entre muchas adicciones, los viajes habían sido una de ellas, una fuga de mi realidad. Estaba siendo obsesivo e hiperactivo y no me podía detener para hacer el verdadero viaje que era el que me llevaría al interior de mi ser, de mi alma, por el miedo a saber qué era lo que podía encontrar.

En una ocasión escuché una frase de la Madre Teresa que decía más o menos así: "Crece como las plantas, en donde naciste y tenías raíz". Y en ese instante recordé mi tierra, Monterrey, a la que tanto había insultado, a la que tanto había vejado siendo desdeñoso, y en ese momento, ¡cómo ansiaba volver a ver sus montañas! Extrañaba el Cerro de la Silla que antes para mí me parecía un símbolo ranchero.

Entrada la noche nos regresamos al hostal, me duché, me puse los tapones para los oídos —porque Martín roncaba incesantemente— y dormí unas cuantas horas. Recuerdo que me metí en la cama vestido porque me daban asco las sábanas. Al día siguiente volvimos a desayunar un café con una pieza de pan, pero me di cuenta de que la comida ya no me importaba, sentía la garganta bloqueada y no podía tragar.

Pedimos un taxi, nos dirigimos al aeropuerto y nos avisaron que el vuelo a Pucallpa se había retrasado. Pedí un refresco y una empanada porque no sabía ni cuándo ni dónde iba a ser mi próxima comida. El vuelo se retrasó cuatro horas, salimos ya entrada la noche y después de una hora de vuelo llegamos a Pucallpa.

Camino al averno

Ahí nos estaba esperando Freddy, el hijo de la chamana. Nos subimos a un automóvil que era un vejestorio con cuatro ruedas. El chofer conducía erráticamente y a gran velocidad. El camino era pavimentado e iluminado, pero yo sentía como poco a poco nos íbamos alejando de la civilización. De pronto desaparecieron los arbotantes y el ambiente era de total oscuridad. Recuerdo que el automóvil dobló abruptamente hacia la derecha y entramos a un camino de terracería. Nos empezamos a introducir en la selva y fue ahí donde me di cuenta de que esa era la carretera al averno.

Después de una hora llegamos a un poblado, San Francisco Yarinacocha. Transitamos diez o quince minutos más internándonos cada vez más profundamente en la selva y por fin llegamos al albergue Sanquen Nete. Era un lugar rústico, primitivo y carente de luz. Nos bajamos del automóvil y lo único que iluminaba el ambiente eran unas cuantas velas. Freddy me indicó el lugar donde yo me alojaría —un *tambo* le dicen— una cabaña de apenas dos por dos equipada con una cocineta, una cama y un baño.

Me daba miedo entrar al baño porque había sapos en el inodoro. Sin embargo, me armé de valor porque tenía que volver a evacuar. Me quedé vestido y así me metí debajo de las cobijas. Era tal mi agotamiento que pude conciliar el sueño relativamente rápido. Al día siguiente me levanté, me vestí y salí de mi *tambo* para empezar a reconocer el lugar e intentar empoderarme. Sentía que mi voluntad estaba totalmente debilitada, no encontraba la fuerza para poder sostenerme en pie.

Enfrente de mi *tambo* había una especie de techo de palma con un perol en el centro. Después supe que ahí era donde se cocinaba la medicina. Lo primero que hice fue hablarle a mi esposa y decirle que estaba bien, que por fin había llegado a mi destino final. La escuché triste y traté de disfrazar mi nostalgia para no preocuparla.

Era un sábado y las ceremonias iniciarían el lunes. Nos fuimos al comedor desplazándonos entre gallinas y gatos que caminaban entre nosotros. Nos ofrecieron un té de manzanilla sin azúcar y nos prepararon unas verduras fritas con un poco de harina, yuca y plátano macho. La comida no me sabía a nada, insípida, como si estuviera comiendo cartón. El plátano macho estaba fibroso, demasiado firme, difícil de masticar.

Había un grupo de ciudadanas rusas que habían llegado en un avión privado, quizás solo para vivir la experiencia en una forma un tanto superflua. Las hijas de Elisa, la chamana, les prestaban toda la atención, pues eran personas con muchas posibilidades económicas y a nosotros nos trataban en una forma un tanto indiferente. Mi ego se resentía porque luego de estar acostumbrado a tener siempre una atención aristocrática ahora me trataban con desdén, como si fuera un apestado. Terminamos de desayunar y me fumé un mapacho, el tabaco ceremonial sagrado. Sentía que era lo único que me podía calmar y tranquilizar.

Martín y yo fuimos a investigar la *Maloca,* el centro ceremonial. Tenía unas pinturas en el exterior de un jaguar y un lobo, y Martín me dijo: "Este lobo me da miedo. Ahora sí, ni para donde correr". Entramos a la *Maloca* y todavía tenía los botes con los vómitos de los integrantes de la ceremonia anterior.

Elisa nos invitó a conocer un predio en donde crecía la liana y una cascada que se llama "El Velo de Novia". Lo único que yo quería hacer era quedarme en el albergue y descansar, pero me aterraba la idea de que Erminia y Martín se fueran y me dejaran solo. Así que decidí unirme a la excursión.

Nos subimos a una camioneta minúscula y ahí nos acomodamos los tres en el asiento de atrás. Y en los asientos de adelante iban el conductor y dos personas más: Elisa, la chamana y un sobrino de ella. Sentía que no me podía mover, que no podía ni respirar, y Elisa notó mi desasosiego, volteó y con un rostro lleno de ternura me dijo: "Manuel, así viajamos aquí".

Nos dirigimos a Pucallpa y allí nos llevaron al mercado. Elisa nos dijo que teníamos que comprar botas para poder caminar entre el fango y podernos introducir en la selva, todos nos compramos un par.

Llegamos a un restaurante que servía los alimentos elementales para las personas que participaban en una ceremonia: avena, verduras hervidas y ensalada. Yo ya no quería comer, sentía el estómago revuelto y, sin embargo, Erminia volteó hacia mí y con una voz autoritaria me dijo: "¡Come!".

Nos subimos a una camioneta más grande y el chofer colocó las maletas en el techo y las amarró. Tomamos la carretera hacia un embarcadero y la experiencia fue similar a cuando llegamos; primero un camino pavimentado y después, una vez más, terracería. Después de dos horas de viaje llegamos al embarcadero. Había que subirse a una especie de canoa para viajar por un rio lodoso y llegar al lugar donde nacía la liana. Vi el rostro de Martín y noté cómo palidecía.

— No me puedo subir a esa lancha —me dijo.

— ¿Por qué? —le inquirí.

— Porque no sé nadar — respondió.

En ese momento sentí alivio, realmente no quería continuar con esa aventura, me sentía débil, me dolían las mordeduras de los moscos que eran unos tábanos gigantescos y decidimos regresar. En el camino Erminia me pidió que nos tomáramos una foto, saqué mi celular y la tomé.

De ahí continuamos el viaje. Nos llevaron al centro de Pucallpa en donde había una estación de automóviles que se dirigían a San Francisco Yarinacocha. Llegamos a este lugar y de ahí continuamos a pie hasta el albergue. Ya había caído la noche y decidimos que ya era hora de dormir. Usualmente tiendo a sufrir de insomnio y a dormir hasta muy tarde, pero últimamente me invadía un cansancio tan profundo que apenas se ponía el sol y ya lo único que quería era desconectarme y descansar.

Al día siguiente, Erminia me levantó tan pronto se asomaron los primeros rayos del sol y me dijo: "Vámonos a caminar". Yo no entendía el porqué de tanto "rigorismo", pensé que podíamos descansar un poco más. Pero claramente esa no era la intención, esto no era un viaje recreativo: veníamos a trabajar. Empezamos a caminar por los caminos de tierra y sentía la fuerza del sol en la espalda, hubo un momento en que nos detuvimos y Erminia volteó hacia mí y me dijo:

—Manuel, ¿qué hicimos? Yo lo único que quiero es regresar.

— Yo también, pero ya no hay marcha atrás— respondí.

Después de caminar varios kilómetros decidimos regresar y nos fuimos rumbo al poblado. Por el camino vi diferentes *malocas* adornadas con pinturas de chamanes y con personajes fumando mapacho, con los clásicos dibujos de las visiones del universo en la ayahuasca. Desde ese momento me sentí aterrado.

Caminamos rumbo a la pequeña plaza del poblado y me sorprendió la simpleza de las casas, las tiendas, los locales comerciales; todos eran minúsculos. Por las noches un joven emprendedor colocaba una parrilla en donde asaba pollo y salchichas. Recuerdo que Erminia charlaba con él y él le decía: "Señora, mi intención es destacar, quiero destacar".

En un establecimiento a un lado de su comedor había una miscelánea que vendía artículos de primera necesidad y contaba con un refrigerador con refrescos. En una ceremonia de Monterrey me dijo una chamana: "Prepárate de comer todo lo que puedas en la mañana y a mediodía. Hay ocasiones que nadie te atiende y hay que tener una actitud de ´sálvese quien pueda´, es probable que les den comida a los turistas afluentes y a ti no te vayan a dar nada". Y tenía razón.

Al oscurecer regresamos al albergue y efectivamente sucedió como me habían anticipado: no había comida y ni quién nos la sirviera. Martín sacó los cacahuates que nos habían ofrecido las azafatas en el vuelo.

—¿Para qué te los llevas?—, le pregunté a mi amigo durante el vuelo.

— Porque uno nunca sabe— contestó.

El lunes era el día de la ceremonia. Permanecimos en el albergue todo el día y lo único que hacía era tratar de calmar mis nervios pues ya preveía lo que me esperaba. Sabía que estaba a la merced de la planta pues era su hogar y su dominio, no había escapatoria.

Al ponerse el sol traté de meditar un poco y alrededor de las nueve de la noche nos dirigimos Erminia, Martín y yo rumbo a la *maloca*. Yo llevaba mapacho y agua florida, mis aliados, mis herramientas de poder.

Entramos y cada uno se instaló en su tapete con nuestros botes para los alivios. Éramos alrededor de veinte personas. La espera era interminable. Poco a poco empezaron a subir de intensidad los ruidos de la selva. Percibí que ella estaba viva y yo sabía que me iba a devorar. Escuchaba a los chimpancés, el aire correr por las palmas, los perros y los jaguares. Estaba inmerso en un universo ignoto, sin duda el desafío más grande de mi vida.

Había sido un empresario prominente, rodeado de lujo, dinero, viajes y comodidades. Pero en ese momento me sentía desnudo, totalmente vulnerable sabiendo que accedía a lo más profundo de mi coraje porque estaba determinado a trascender, a entender porqué mi vida se había convertido en un inmenso fracaso y me daba pánico la respuesta.

Pasaban las horas y sentía cómo el tiempo avanzaba lentamente. El aire estaba enrarecido, olía como la miasma de un pantano, denso y venenoso. Quería salir corriendo, pero mi cuerpo no respondía, sentía como mi alma, mi espíritu, me tenía ahí anclado y me decía: "De aquí no sales, no te puedes ir, aquí vas a desmantelar completamente tu ego, lo tienes que colapsar, lo tienes que ver. Te tiene aprisionado y no sabes ni siquiera porqué. Tienes una soberbia tan grande que se ha acomodado a ti toda tu vida, pero que en este momento ya no te sirve. Ya no te sirven los antidepresivos, ni la psiquiatría, ni el psicólogo, ni el acompañador, estás solo contigo mismo y en este momento tu voluntad no te sirve para nada".

De pronto entró Elisa, la chamana, y se acomodó en el centro de la *maloca*. A su lado había un pebetero donde se quemaba el *palosanto*, una madera sagrada. Su aroma nos provocó una especie de trance y nos sirvió para prepararnos para la experiencia que estábamos a punto de iniciar.

Después de muchos meses, todavía no podía oler ese palo, incluso aunque yo sabía que era sagrado, me remontaba a la experiencia de la selva. Sentí que estaba cometiendo el error más grande de mi vida, que tenía que regresar al protocolo científico, al consultorio del psiquiatra y a los antidepresivos.

Mi ego me decía: "¿Qué estás haciendo aquí?". Pensaba en mi extracción del alcoholismo con un médico reconocido mundialmente, siguiendo sus indicaciones y obedeciendo todo aquello que él me decía que tenía que hacer. Me dije: "Ahora estás alejado de tu zona de confort en un lugar rupestre, primitivo, que no cuadra con tu historia. Estás entre brujos, magos que no te van a ayudar a salir de tu enfermedad".

Esa disonancia me martillaba la cabeza. ¿Por qué mejor no me regresaba a la oficina de un médico, con aire acondicionado y todas las comodidades? ¿Por qué no salía con mi receta en la mano y me dirigía a la farmacia en donde por años encontré la solución?

Sin embargo, recuerdo las palabras de mi doctor que después de quince años de regodearme en el discurso del sufrimiento llegó a un momento de hartazgo en el que me dijo: "No tengo nada más en qué ayudarte, busca tu vida espiritual". Como por espacio de quince años había seguido rigurosamente las indicaciones de este psiquiatra. En un principio, confundí la meditación con llevar una vida espiritual. Como he sido persistente toda mi vida me di cuenta de que estaba obedeciendo sus indicaciones de llegar a lo más profundo de mi ser para poder hacer contacto con mi cuerpo espiritual.

La chamana puso una especie de tapete, se recostó y se quedó dormida por espacio de varias horas. Después se incorporó. ¡Llegó la hora de la verdad! La medicina estaba en una jarra de barro, supongo recién cocinada. Cada uno tenía su taza y la chamana comenzó a servir.

En el momento que me llamó por mi nombre traté de incorporarme y noté que las rodillas no me respondían. Prácticamente me tuve que acercar a ella arrastrándome como pude, en una actitud de total rendición. Cuando terminó de servirles a todos los participantes nos dijo que ya podíamos ingerir la bebida. Me la tomé. Yo hubiera querido negociar que me sirvieran menos, pero Elisa era quien mandaba y mi taza estaba llena.

La bebí de un golpe tratando de evitar la reacción al vómito, ya que conocía bien el sabor. No tenía comparación con lo que había probado. Empecé a escuchar los lamentos de los integrantes, los llantos, los gritos de desesperación, pero yo permanecí tranquilo en mi lugar, inamovible. Después de media hora empecé a sentir el efecto de la medicina. En un principio fue una sensación muy agradable, como si me estuvieran meciendo en una hamaca, pero poco a poco empecé a sentir más sus efectos verdaderos.

Recordaba las palabras de Carolina, la chamana de Guadalajara, que me decía: "Allá es más *dark*". Y fue cuando empezó el descenso de la serpiente, hacia mis heridas más profundas, no solo de esta vida sino de las vidas pasadas. Iba descendiendo cada vez más y sentí que no tenía fin. Mis visiones eran un tanto confusas, primero una iluminación cegadora y después de esto pude ver la cara de un jaguar.

— Este eres tú —me decía la planta—. ¿Por qué tienes tanto miedo de aceptar tu coraje, tu poder?

Me transportaba a cuando me rastreó el cuerpo Erminia y con una contractura que estaba tratando de liberar.

— ¡Qué es esto! —le decía.

— ¡Coraje! — me replicaba,

— ¡Quítamelo! — le ordenaba, pues toda la vida me dijeron corajudo y pensaba que eso estaba mal.

En mi vida normal siempre tenía que ser una persona cortés, amable, sin sentir nada. Siempre aparentar ser una persona paciente, decorosa, correcta, pues, en mi casa estaba prohibido sentir. En casa, la relación con las emociones se veía como una patología. Literalmente había que estar muerto por dentro, pues eso era ser una persona "normal".

Erminia me había dicho: "No puedo quitártelo, porque toda la vida has sido corajudo y con el coraje has logrado grandes cosas". Con el tiempo y en un impulso, quizás de locura, me lo tatué en el brazo: "Coraje, valor". Era como decirme: "Que no se te olvide tu esencia Manuel, este eres tú, pórtalo con orgullo y a quien le guste bien y a quien no, que se largue, no te corresponde". Israel, su hijo, me decía: "¡Claro que no te podemos quitar el coraje! Te quedarías pobre".

En un momento de confusión en mi vida sentía que tenía que estar totalmente contenido, me confundía el ser espiritual, al grado de ni siquiera poder defenderme. Era una especie de co-dependencia cósmica en la que tenía que satisfacer a todos y buscar la aprobación de todos sobre mis propias emociones. Era como jugar a una doble vida con una máscara de bueno para que hablaran bien de mí. El amigo, el padrino, el terapeuta, el chamán perfecto, sin que nadie conociera mi realidad, con una máscara que me pesaba y que en su momento me llevó a la quiebra. Yo sentía como mi alma me decía: "Este no eres tú, saca la casta, muéstrale al mundo quién eres y que no te importe nada en absoluto lo que puedan pensar de ti".

Guerra contra el ego

He sentido mucho tiempo una guerra entre mi espíritu y mi ego. Ahora entiendo que mi alma es un ente aguerrido, con coraje, con ganas de aventurarse. Es arriesgada, en conflicto permanente con un ego acobardado. En una ocasión meditando veía mi alma inmensa, poderosa y mi ego le decía: "Te tengo miedo".

Escudándome en mi enfermedad de alcohólico llegué a ver su luminosidad y su estatura diciéndome: "A mí no me importa nada en absoluto tu enfermedad. Yo vengo aquí a jugar, a aprender y a experimentar. Si tu no quieres eso, ese es tu problema". Llegué a pensar que esa conversación frisaba en la esquizofrenia, pero la realidad es que me di cuenta de que mi alma es inmensamente más poderosa que mi mente o que yo mismo. En ese momento, me jacté de mi inteligencia emocional.

Después de haber visto al jaguar tuve una conversación con él y me decía: "¡Vas para abajo y no tienes salida, lo vas a tener que confrontar!". Y así fue. Comencé a tener visiones de un pulpo que tenía una inmensa ventosa en su vientre, como una lapa gigantesca. Veía su textura viscosa y asquerosa. Me encontraba en un pantano tratando de salir a la superficie, lo cual me era imposible. Me rodeaban perros muertos, cadáveres desmembrados y detritos de animales. Y pedía a gritos ayuda, pero no había nadie que me escuchara, simplemente me tenía que dejar morir.

Ya me encontraba dentro del vientre de esa criatura y me decía la planta: "Esta es tu tristeza, es tu depresión, la que has cargado toda tu vida por elección propia por sentir la culpa de ser, de existir y esto se tiene que acabar. Te tienes que convertir en esta tristeza para que puedas salir de ella y tú sabes quién es el único que te puede ayudar. Recuerda quién es. Porque, aunque tu ego lo quiera desdeñar y negar siempre ha estado a tu lado. Si no lo invocas, yo te voy a devorar y si no te vinculas con él te vas a morir aquí en Perú como un perro en la calle. Velo de frente, lo tienes desde niño. Has vivido con miedo con la paranoia de que el universo entero está en tu contra. Estás viviendo en una mentira, en la peor de las vergüenzas. O pides ayuda y te deshaces de esto o te vas a morir".

Me vi como una bacteria dentro del desecho de un animal. Me decía la planta: "Así comenzaste tu vida, desde lo más despreciable. Y ahora que te crees un erudito en la escala de consciencia, date cuenta de que solamente por la gracia de Dios llegaste a este planeta en la consciencia más baja, en uno. Como una bacteria insignificante. Y solamente por su voluntad ahora tienes el regalo de existir y, sin embargo, lo quieres desperdiciar por el miedo que te aqueja y el no saber vivir. A pesar de que han pasado millones de años, infinidad de vidas, para llegar a ser quién eres y casi con seguridad es tu última vida y la quieres tirar a la basura. Quizás debas permanecer aquí en este vientre de pulpo asqueroso que tanto miedo te da y de una vez por todas morirte aquí en la selva porque no mereces vivir. Pero te voy a dar una oportunidad porque tú sabes cuál es la solución. Y no te voy a decir cuál es, tú la tienes que descubrir y la tienes que pedir".

En ese momento me remonté a mis peores días de alcoholismo, hincado, vomitándome en el baño de mi casa. Con los estertores y la rigidez de mi estómago para poder arrojar el veneno. Y en ese momento recordé que cada vez que estaba yo tirado en el suelo, suplicando ayuda, era cuando me acordaba de Dios. Y ahí lo vi. Era una presencia bondadosa, luminosa, con una bata blanca diciéndome: "Acuérdate que cuando estabas hincado, vomitando, siempre estuve yo y no te dejé morir. No te vas a morir, solamente dime qué es lo que quieres". Recuerdo que cuando estaba borracho le suplicaba a Dios que me lo quitara. Y recuerdo su presencia, recuerdo que lo veía. Y en ese momento me di cuenta de que volvía a tomar al día siguiente porque lo quería volver a ver.

Ahora entiendo la nomenclatura de las bebidas espirituosas porque era mi forma de conectar con Él para salir del miedo, aunque me estuviera destruyendo.

— Recuerda —me decía—, ¿qué es lo que tienes que hacer para salir de este estado?

— Solamente tú me puedes sacar de aquí, te suplico que me saques de aquí —yo le respondía.

Y en ese momento llegó la luz. Pude salir de ese vientre y poco a poco empezaba a ascender hacia la iluminación. Percibía que de ser una consciencia me podía transportar a la iluminación con Dios y solamente por su gracia podía llegar a contactar con Él.

Pero mi ego tenía otros planes. Me decía: "¿A dónde vas? No mereces a Dios. Nunca lo has merecido, Él no existe y te va a dejar solo, vas para abajo otra vez". Así sucedió, me regresé una vez más al estado de la serpiente, no podía creer que después de haber salido, mi ego tenía la capacidad de volverme a introducir al infierno.

Entonces entendí porqué la chamana me decía que esto era más *dark*. Porque la selva me estaba tragando. Y el pulpo me estaba digiriendo para yo convertirme nuevamente en un deshecho que no se podía calificar ni siquiera de humano.

Volví a ver el rostro de Dios que me decía:

— Recuerda qué es lo que tienes que hacer para salir.

— Pedirte ayuda, por fuerza de voluntad, por mi inteligencia, por mi ego yo no puedo, soy tu servidor dime qué quieres de mi — contestaba.

— Que regreses y ayudes a la humanidad, pero todavía te falta un trecho de mucho dolor y solamente tú lo vas a descubrir cuando regreses a tu casa.

En ese momento ya no soportaba tanto dolor. Sentí que me iba a quedar en ese estado para toda la vida. Recordaba cómo mi terapeuta me decía: "Por fuerza de voluntad no vas a poder salir de esa tristeza, de esa depresión, necesitas la medicina". Le hice caso, había transmutado la medicina alopática por la medicina del amor de Dios. ¡Portentoso infinito! Sentía que me ahogaba, que no podía respirar.

Memo, el segundo chamán que llegó a mi vida era un gran acompañador. Si me sentía atrapado en una situación comprometida de la cual no podía salir, él siempre se acercó conmigo a soplarme mapacho y rociarme agua florida o a cubrirme con una cobija y a decirme: "Aquí estoy contigo, vas a poder salir". En su momento yo lo había criticado mucho porque mi ego lo consideraba como un farsante y después me di cuenta de cuán equivocado estaba, porque realmente siempre fue un gran maestro.

De pronto sentí que alguien se acercaba, con mucho esfuerzo pude abrir los ojos, vi a Freddy, el hijo de Elisa, y le supliqué: "Sóplame mapacho por favor, esto está demasiado desafiante". Me vio de soslayo y siguió de frente. Yo no podía creer lo que estaba pasando. Ahora sí dije: "Estás solo. Vas a tener que acceder a toda tu fuerza para salir de este trance". Intentaba vomitar y no podía. Yo sabía que si lo hacía podía liberarme del dolor y del miedo. Era sin duda, el evento más aterrador de mi vida, mucho más que cuando sobreviví el intento de secuestro con mi socio en la carretera nacional, casi llegando a Monterrey.

Como pude encendí un mapacho y me empecé a soplar para ver si podía atenuar el desafío. Hincado, tomé el bote de agua florida y me la pude rociar en el rostro y en el cuerpo. Sentía unas ganas terribles de evacuar pero, aunque me pudiera mover, me aterraba la idea de ir al baño taponado por deshechos humanos, así que no me quedó de otra, más que tolerarlo y aguantar. Los cánticos de la chamana eran cada vez más estridentes y yo sabía que eran palabras de sanación y, aun así, lo sentía como martillazos de agresión porque claramente estaban desmantelando mi mente.

Por supuesto que la defensa de mi ego era: "Ahora sí vas a quedar loco, de ésta no vas a salir". Le supliqué ayuda a Dios nuevamente para que me sacara del trance, no podía ser que mi vida terminara inmersa en la locura del miedo producido por ese animal. Y poco a poco empecé a salir de ese estado, muy lentamente, volví a esa dimensión de gloria, sentí el abrazo de Dios. Y con mi rostro lleno de lágrimas y mucosidades —como un niño asustado— le dije:

— Por favor ya nunca me dejes.

— Nunca te he dejado, eres tú el que se va— me contestó.

El día después

Después de la primera ceremonia y después de que se había pasado el efecto de la medicina, decidí regresarme a mi *tambo*. Mientras pasaba la noche, la selva pesaba en mí cada vez más. Se escuchaban los ruidos de los animales de una forma amenazante. Caminaba con cautela, porque en medio del albergue había un estanque y me daba miedo caer.

Me habían advertido que en el terreno reptaban las serpientes y me daba pánico pisar alguna. Iba con una pequeña lámpara que apenas alumbraba. A pesar de que mi *tambo* estaba a unos cuantos metros, el trayecto lo sentía kilométrico. En un momento decidí apagar la lámpara y ver las estrellas. El cielo estaba claro, apenas con algunas nubes que cruzaban por la luna. Tenía una sensación ambivalente de miedo y asombro. Por un lado, sentía la muerte aún muy cerca y, por otro lado, me quedaba maravillado al admirar la cúpula celeste.

Finalmente pude llegar a mi *tambo*. Como pude me cobijé y me coloqué la capucha de mi sudadera en la cabeza. Los ruidos del ambiente no me dejaban dormir. Escuchaba a un animal que caminaba por el suelo de mi cabaña, me daba pánico pensar que de pronto podía subir por mi cara. Después de un rato, y aún con medicina en el cuerpo, pude conciliar el sueño.

Sin embargo, el descanso iba a ser poco. Apenas llegó el alba oí la voz de Erminia: "Manuel levántese, vamos a caminar". No habían pasado ni dos horas. Pero el simple hecho de quedarme solo en ese lugar me impulsó a levantarme. Me puse los tenis y me dispuse a caminar con Erminia y con Martín. Nos desplazamos por un camino de tierra y de pronto nos pasaban por un lado las motonetas clásicas del lugar, acondicionadas con una suerte de cajuela en la que cargaban frutas o peces que luego venderían en el poblado.

Doblamos a la izquierda y nos topamos con una especie de campus. Después nos dijeron que era una escuela de chamanes. Desde niños les enseñaban el cuidado de las plantas, sus efectos medicinales y desde luego los cantos ceremoniales en su lenguaje, quechua.

Nos habían dicho que había un albergue de lujo y después de unos cuantos kilómetros lo encontramos. Las instalaciones eran mucho más calificadas que en el albergue en el que estábamos. Fuimos al comedor y pudimos platicar con uno de los trabajadores y con algunos de los participantes. Lo interesante es que si bien, el lugar se veía más lujoso, no tenían un chamán de planta. Se llevaban a los participantes a otro albergue muy parecido al nuestro. Para mí estaba mejor hospedarme en Sanque Nete, que si bien estaba considerablemente más rústico, tenía la ventaja de ser guiado por Elisa la chamana y no teníamos que desplazarnos a ningún otro lugar.

De regreso vimos unos árboles con toronjas y algunas de ellas estaban en el suelo. Erminia me indicó que cargara todas las que pudiera y así lo hice. Iba bastante incómodo, pues aún sentía los efectos de la medicina y el choque tan fuerte de lo que había experimentado. No estaba seguro si podía contenerme y además tenía que cargar la fruta. Entonces ella me dijo, "Mira Manuel lo que nos está regalando Dios". Para mí, fue esa una lección abrumadora, la veía feliz recogiendo las toronjas y me di cuenta de que tenía acceso a la comida sin tener que pagar nada.

Regresamos al albergue porque el sol ya estaba calando. Freddy el hijo de Elisa nos preparó unas verduras capeadas con un poco de harina y a pesar de mi inapetencia en ese momento, me dí a la tarea de comer todo lo que pude. De ahí nos fuimos a unas hamacas bajo un techo de palma, lo único que se me ocurrió fue fumar mapacho, para poderme aterrizar y calmar un poco mis nervios.

Cuando transitaba por los caminos de tierra en esa zona de Perú en ocasiones no me explicaba qué estaba haciendo ahí. Estando en este lugar inhóspito lo único que quería era regresar a mi casa con mi familia, a mi cama, mi regadera con agua caliente y a la protección de mi hogar. Las personas vivían con sencillez, pero se veían felices. Yo sentí un golpe en el corazón porque aún y sabiendo el privilegio de vivir con todas las comodidades y con afluencia económica, muchas veces me era imposible sonreír como las personas de esa comunidad, sin un centavo, batallando para comer, trabajando de sol a sol, tratando de hacer dinero como pudieran y verlos instalados en la alegría. Me preguntaba cómo le hacían y, después, tuve las respuestas: ellos no necesitaban nada más para agradecer la vida que tenían.

Yo seguía experimentando una sensación de miedo, de abandono, de muerte. A veces veía los atardeceres en la selva y sentía que estaba en otra dimensión, pero ciertamente en una que yo no quería estar porque sentía que no pertenecía a ella.

Erminia me dijo:

—¿Tienes miedo?—.

— Sí— respondí.

—¿Y sabes porque tienes miedo? Porque aquí fue tu primera vida. Y como ahora gozas de todas las comodidades, este ambiente no te gusta, pero te vas a tener que acostumbrar—, exclamó.

Por la tarde llegamos una vez más al albergue y decidimos reunirnos todos en mi *tambo*. Para ese momento ya me habían cambiado de lugar ya que mi primera cabaña era demasiado pequeña y le pedimos permiso a Elisa y me lo concedió.

Erminia me pidió que guiara una meditación y así lo hice. Para las ocho de la noche ya no había luz, pero ya no había nada más que hacer y como sabía que Erminia iba a repetir la misma operación de la mañana, me dispuse a dormir.

Al día siguiente nos levantamos a las cinco de la mañana y repetimos la operación de caminar, nos fuimos a un poblado que se llama Santa Clara, de apenas unas cuantas casas. Compramos algunas artesanías y nos regresamos al albergue. Ahí vi que Freddy estaba tomando un té vomitivo, una mezcla de plantas y hierbas medicinales adicionadas con el tabaco de mapacho. Yo también tomé el vomitivo que me supo horrible. Me tomé cerca de cuatro litros y después vino el efecto. Un vomito fuerte que sentía que me limpiaba las entrañas. Erminia me replicó:

—¡Ay Manuel!, ¿para qué te metes en esas cosas? Parece que te estás castigando—.

—Prefiero vomitar aquí que en la ceremonia— contesté.

Ese día decidí no comer nada, me la pasé fumando mapacho. Para las seis de la tarde me atacó el hambre y decidí comerme unos cuantos pedazos de sandía.

En la segunda ceremonia el trabajo fue igual de profundo. Volví a ver al pulpo, pero este no me aterró tanto como en la primera ocasión. Sentía como me había ayudado el vomitivo porque ya no tenía que ejercer tanto trabajo físico. Recordaba las palabras de Freddy y efectivamente las visiones eran más claras. Experimentaba menos miedo.

Presencié la cara de un Jaguar que me decía: "No luches contra mí, no me vas a ganar. Conviértete tú en el jaguar. Sé valiente, ten coraje. No le tengas miedo a tu poder". Al acabar la ceremonia me fui a mi *tambo* bastante tranquilo. Si bien la experiencia había sido profunda, no había sido tan contundente ni terrible como la primera.

Como siempre Erminia nos levantó a las cinco de la mañana y una vez más nos fuimos a caminar. En raras ocasiones descansábamos y de este modo entendía por qué nos teníamos que seguir moviendo, era para que no te atrapara la locura. Algo que me dijo la planta en la segunda ceremonia fue: "¡No vivas en la suciedad, limpia tu cabaña!". Y lo quise entender como una limpieza física y también como una limpieza del alma. Es decir, no manches tu alma con tu enfermedad, déjala libre. Llegué al *tambo* y me dispuse a barrer y a trapear, a lavar el baño, a arreglar mi ropa y a tender mi cama. Hasta lavé mi ropa. "Aquí nadie va a hacer nada por ti, lo vas a hacer tú solo", me decía la chamana.

Me acordé de Sofía, la señora que nos ayuda en la casa en Monterrey y en ese momento valoré como nunca su trabajo. De hecho, a mi regreso a Monterrey tres semanas después, lo primero que le dije fue: "Sofía, muchas gracias por todo lo que haces aquí en la casa". Aprendí a agradecer por todo.

Cuzco, donde el renacer me transformó

Cuando llegamos a Cuzco pensé que ya había pasado lo peor. Pero no fue así. Sentí un alivio cuando salimos de Pucallpa porque al fin habíamos terminado las cinco ceremonias de ayahuasca. Pensé que ahora el viaje iba a ser puro placer, ya que mi ilusión era conocer Cuzco y de ahí irnos a Machu Picchu.

Cuzco es una ciudad maravillosa, antigua. Sus habitantes se mostraban apacibles, casi todos hablaban en voz baja, a veces no los podía ni siquiera escuchar. Pensé que ya estábamos en un lugar seguro. Llegamos a un hotel que en otro tiempo había sido una casa.

Por la noche fuimos a pasear a la plaza. El último capital que me quedaba eran mil dólares, los cuales guardaba celosamente. Esa noche no los quise dejar en el hotel y los llevaba conmigo. De regreso metí la mano a mi bolsa y me percaté que ya no estaban. Me dije: "¡Los perdí o me los robaron!". Entré en crisis. Pensé en tomar un vuelo a Lima y regresarme a Monterrey. Le dije a Erminia: "Si todo lo que hemos estudiado y quiero creerlo, es verdad, esto significa que el Universo mismo me los quitó".

Entonces le protesté a Dios, le reclamé y le dije: "¿Que más tengo que aprender?". No dormí en toda la noche. La mañana siguiente a las cinco de la mañana, Erminia me dijo: "¿Qué quieres hacer?". Le contesté: "Tengo que ir a Machu Picchu, aunque sea como tarea". Empacamos nuestras cosas y tomamos un taxi a un poblado que se llama Ollantaytambo. Mi última tarjeta de crédito estaba topada pero aun así lo intentamos y pudimos comprar los boletos de ida y de regreso a Machu Picchu.

Llegamos a Aguascalientes y tomamos un camión que subía por un camino sinuoso hacia Machu Picchu. Era temprano. El lugar estaba rodeado de una niebla espesa y no se podía apreciar nada. Caminamos por unas estrechas veredas, sin saber hacia dónde nos estábamos dirigiendo. Una vez que salió el sol y las nubes se disiparon pudimos apreciar la majestuosidad de la ciudad sagrada. Parecía que estábamos en otro planeta. Y se sentía la vibración ancestral de los Incas.

Karina me había dicho en una ceremonia que su abuelo le había dado un mensaje para mí: "Dile a Manuel, que no le vengan con estupideces, que se vaya a Machu Picchu, que allá va a encontrar lo que tanto ha esperado". Sin embargo, mi mente estaba nublada por el cansancio y por la medicina. No vi nada y no obtuve ninguna respuesta, hasta cierto punto fue decepcionante porque sabía que mi vida estaba en un *in passe* que llegué a pensar que no tenía fin.

Mi negocio en México estaba quebrado y no lo quería admitir. Sentía el abandono de mis compañeros de trabajo. Mientras tuve dinero eran solidarios conmigo, pero sin él la historia era diferente. No sabía que iba hacer de mi vida al regresar a Monterrey. No tenía trabajo. Las deudas me asfixiaban y ahora para rematar me había quedado sin dinero. Me sentía perdido y sin rumbo. Después de treinta años de trabajo sentía que mi vida profesional llegaba a su fin.

Tomamos el tren de regreso a Ollantaytambo. De ahí tomamos un colectivo rumbo a Cuzco en donde nos quedamos unos días antes de regresar a México. En ese momento no quería saber nada más de este viaje, que fue más bien un camino hacia lo más obscuro de mi ser.

Después entendí que mi experiencia en Perú fue un viaje para renacer, un viaje de redención y de transformación. Tenía que vivir esta experiencia para conectar con mi interior pero sobre todo con Dios. Comprendí que "renacer" implica una renovación o un cambio fundamental en mí como persona, mientras que "redención" sugiere la superación de errores o dificultades pasadas.

Este viaje representó para mí un cambio significativo en la forma de ser y de pensar. Este tipo de vivencia me llevó a una conexión más profunda conmigo mismo y, en este caso, con una dimensión espiritual o divina. La aventura en Perú no solo fue un viaje físico, sino también significó una exploración profunda, emocional y espiritual. Fue necesario realizarlo para limpiar mi alma, espantar al ego y así alcanzar un nuevo nivel de comprensión y conciencia personal y espiritual. Fue la transformación más grande de mi vida.

12. Sana, mi Consultorio

Al regresar de Perú estuve un año encerrado en un pequeño estudio de un perímetro de tres por tres. Si acaso salía un poco al jardín a respirar aire. Por quince años había estado acompañando a personas, escuchando sus problemas y ayudándolos en sus problemas de alcoholismo. Todo esto lo hice en una forma totalmente altruista.

Muchas personas me decían que tenía que abrir un consultorio y yo les decía que no tenía la capacidad. "Ya lo haces", me decían, "nos escuchas a todos y no cobras". Pero yo estaba totalmente bloqueado, sentía que iba a lucrar con el trabajo espiritual. Una vez más mi mente interfería en mi ser, haciéndome dudar: "Si no eres psiquiatra ni psicólogo, cómo te atreves a cobrar".

Me cuestionaba a mí mismo que cómo tenía las agallas y osadía de cobrar para sanar a otras personas. Al principio reapareció el ego y me hizo sentir culpable. Me decía: "Estás mercadeando con la conciencia". Literalmente sentía que lo estaba… pero no me quedaba otra porque que tenía que generar ingresos.

Llegué al extremo de no tener dinero para comprar comida y dije: "¡Ahora sí estoy en aprietos!". Erminia me había dicho desde hace mucho que yo estaba hecho para acompañar y que debería cobrar mis sesiones de ayuda a los demás. Llegué a mencionar esto en los grupos espirituales a los que asistía pues estaba considerando ya seriamente abrir un consultorio

Les dije: "Ya sé que todos ustedes me van a criticar, pero no me queda de otra, lo voy a tener que hacer". Qué equivocado estaba en mi pensamiento. Me salí de la junta y muchos de mis compañeros se vinieron detrás de mí y me dijeron: "Por fin Manuel, nada más faltaba que tú te dieras cuenta de lo que tenías que hacer". Y en ese momento empecé a agendar mis primeras citas cobradas.

Creo que sentí el llamado de abrir un consultorio por mi papá quien ya había fallecido. Él quería dedicarse a la medicina social y yo tengo la convicción de que mi padre trasmutó su alma a mi alma. Él quiso continuar ayudando en este plano a las personas, porque es algo que él quería y así lo siento en mi corazón: continuar con su misión.

Una vez que abrí el consultorio —y hoy entiendo que fue un milagro— empecé a ordenar mis ideas. ¿Qué podía hacer? De entrada, tenía que adecuar el espacio, quitar muebles que no me servían, tratar de darle al lugar una ambientación como de un consultorio de desarrollo humano, de sanación. En una meditación me llegó el nombre: SANA.

Con este nombre pensé que ayudaría a tener una imagen de una persona que se dedica a sanar, al *healing*. La realidad de las cosas es que hoy me doy cuenta de que era sanarme primero yo, de sanar esa herida de abandono, frustración y tristeza; de sentirme inútil; de haber perdido todo. Y poco a poco volver a confiar en mí, ya que con esta segunda quiebra sentí que había perdido todo mi poder, había perdido mi seguridad. Siempre me sentí una persona segura de mí misma con todo y mis miedos.

Tiempo atrás una compañera me platicó que se sentía muy deprimida. Le dije: "Podemos irnos por dos rutas, te sugiero ir con un psiquiatra y me dices si no funciona. Eventualmente podemos ver la otra opción". Yo no le dije que era la opción vegetal. Después de unos días llegó conmigo: "Ya sé a qué te refieres, estabas hablando de ayahuasca. Ella me dijo: "Me la puedes compartir". Le dije: "Te paso del teléfono de un amigo que es chamán". Y me dijo: "No iré con nadie, voy a tomar ayahuasca cuando tú la compartas. Porque yo sé que lo vas a hacer".

Esa fue mi primera experiencia como chamán y realmente fue maravillosa. Había sido su cumpleaños y ella encontró lo que quería. Sus preguntas fueron respondidas, tuvo una gran sanación física ya que padecía de colitis y ésta desapareció. Consiguió una mejor relación con sus hijos.

Después de esa ceremonia siguieron muchas más. Sin que yo hiciera nada se corrió la voz y muchas personas me hablaban para que les compartiera. Literalmente mi casa se hizo un centro ceremonial. Pude testificar cómo la gente, a pesar de tener procesos desafiantes, salían felices y regresaban. Mi mente muchas veces trató de detener mi trabajo como facilitador de ayahuasca (algo que con el tiempo dejé de practicarlo). La vida del chamán es un tanto solitaria y atacada porque es una terapia poco conocida y va en contra de las prácticas médicas tradicionales, inclusive de la política y de la religión.

Por eso siempre habrá conflicto con el tema de esta planta. Hoy por hoy sigue sin estar legalizada y eso también es un problema. Pareciera que te tienes que esconder para poder sanar a las personas. En lugares como Perú son patrimonio nacional. El gobierno no interviene en el trabajo de los chamanes.

En México, desde luego, hay una gran cultura con ciertas plantas medicinales como el peyote y la psilocibina, los cuales están celosamente cuidadas por las comunidades indígenas. Las medicinas vegetales son su propia religión. Siempre habrá una resistencia para el trabajo de la conciencia, ya que, en los círculos de poder, con su inherente paranoia, las prohíben con el pretexto de que son nocivas cuando la realidad es que lo que desean es tener una intermediación para lograr un entendimiento y no quieren que las personas reclamen su poder y su soberanía de conceptuar a Dios como cada uno elige.

También hice algunas aplicaciones de rapé, una medicina brasileña que se sopla por la nariz y ayuda a permanecer en el presente, *en el aquí y en el ahora.* Desbloquea los miedos y desintoxica a nivel celular. Recuerdo una paciente con sinusitis que había ido con varios médicos y, sin embargo, ella no podía respirar. Le apliqué rapé y al día siguiente me habló y me dijo: "Necesito otra aplicación, ya estoy respirando". Vino con su esposo y le dije: "Yo puedo ayudarte, el otorrino de Monterrey puede ayudarte, y el médico de Los Ángeles puede ayudarte, pero la que tiene que hacer el trabajo eres tú".

De pronto alcé la voz y como si proviniera de otra parte le dije: "¡Vas a poder respirar!". Ella abrió los ojos y su esposo la tomó de la mano y, sin necesidad de medicamento, pudo finalmente respirar. Yo me asusté cuando salieron esas palabras de mi boca porque sentí que no provenían de mi mente. Una vez más mi ego me dijo: "Esto no está bien". Me dio mucho miedo porque pensé que me podía volver loco. Me preguntaba por qué le había dicho eso. Pero el único pensamiento que me pudo calmar fue que quizás la información venía del universo y a mí solo me tocaba hablar y ser un instrumento de Dios para poder ayudar.

Venimos a este mundo, a esta dimensión, a experimentar esto que se llama *vida*. Hoy por hoy estoy en paz, no me deben y no debo. Trato diariamente de sentirme en un balance, de tratar de callar mi ego de la mejor forma que tengo o con algún ritual que esté en mis manos: meditación, ejercicio, rezar, yoga, meditación en movimiento, lo que sea para llevar una vida más balanceada.

En esta inicio del consultorio lo que más me animó fue el apoyo de la gente, lo cual ahora entiendo como el inmenso poder que se siente al trabajar solo. Me sentí poderoso, capaz de hacerlo por mí mismo. He experimentado cómo a través de la humildad se eleva mi vibración logrando un cambio verdadero en la conciencia.

No se trata de dirigir a un equipo o personas bajo tu mando, sino de servir a la conciencia o a Dios como un soldado desconocido con la capacidad de ayudar y de merecer el intercambio para poder vivir. Ese es para mí el verdadero poder: darte cuenta de quién eres. No se trata de adoptar una postura altanera; no tiene nada que ver con el dinero ni con el prestigio. Está relacionado con el propósito de tu vida, tu dharma. Es seguirlo y lanzarte al abismo, con la confianza de que Dios siempre estará ahí para respaldarte.

En esta época de mi vida nunca me imaginé en el rol de facilitador de ayahuasca, algo que ya he dejado. Por mucho tiempo cuando estaba en la quiebra trataba de comunicarme con Dios para preguntarle cuál era el camino que tenía que seguir para salir de mi bache financiero. Mi mente estaba inestable, neurótica y — lo peor— fatalista.

Generalmente cuando el ego se proyecta al futuro y aún peor, se instala en él, tiende a ponerse en sintonía con la negatividad. Yo me veía sin mi casa, sin mi patrimonio, separado de mi familia. Sin embargo, siempre existió esa chispa, esa llama en mi corazón que me decía: "Vas a salir adelante Manuel". Claramente es esa voz de la conciencia, esa voz de Dios que nunca te va a abandonar. Es complicado comprender que todo lo que sucede a tu alrededor, todo lo que está reflejado en una existencia, es un reflejo de cómo estamos por dentro.

En una ocasión leía a Pamela Kribbe, en su libro *Las Canalizaciones de Jeshua* que si realmente quieres acelerar los procesos tienes que enfocarte en ti y no en el mundo externo. Yo tendía a atrasar los procesos, incluso a bloquearlos. Ahora que me hago responsable de mi ser, las cosas empiezan a manifestarse con mucha más facilidad.

Finalmente llegué a comprender que cuando no están funcionando las cosas, puedes llegar a pensar que eres tú el causante y responsable de lo que está sucediendo. Esto puede ser muy doloroso para la mente, porque es mucho más fácil victimizarse, proyectar la culpa en otras personas o atribuirlo fácilmente a condiciones políticas o económicas.

El ego tolera el "no se puede" pero lo que no aguanta es el "yo no puedo". Es justo en ese momento cuando se dan los puntos de inflexión que hacen detenerte y poder iluminar tu interior.

Entonces tienes que cuestionarte: ¿Qué cambios tengo que hacer en mí? ¿Qué es lo que tengo que transmutar en mí para que mi situación externa cambie? y eso es un proceso que puede ser muy molesto. Y te puede llevar días, semanas, inclusive años. A mí me llevó tres décadas, pero salí adelante con la mano de Dios.

PARTE 2

Mi Familia, Ensayos y Fragmentos

La primera parte del libro describe las etapas más difíciles de mi vida ya como adulto. En este trayecto he experimentado un crecimiento personal y espiritual, superado diversas crisis y alcanzado un mejor equilibrio y una mayor coherencia en mi ser.

Muchas de estas experiencias quiero ahora compartirlas a nivel de reflexiones más puntuales. Escribo de mi relación con los miembros de mi familia directa: Conchis y mis hijas.

También presento una serie de ensayos cortos en donde comparto experiencias y sugerencias de cómo lidiar con los desafíos que usualmente encontramos en diferentes momentos de nuestras vidas: una enfermedad grave, el miedo, la culpa, el reto de perdonar, el dinero, el ego, el coraje, nuestra concepción de Dios.

Y concluyo esta segunda parte del libro con un racimo de fragmentos aleccionadores que he ido compilando con el paso del tiempo, pensamientos breves que los puedes leer en un momento difícil o en un proceso de sanación por el que estés pasando.

Quiero que consideres todos estos textos, querido lector, como un complemento de valor personal y espiritual de mi parte —de aprendizajes de vida— esperando que también les sean útiles a un familiar querido, a un amiga o amigo tuyo que atraviese por una circunstancia especial.

Mi Familia

Conchis, mi maestra

Conocí a Conchis, mi esposa, cuando cursada la carrera de Ciencias de la Comunicación en el Tecnológico de Monterrey. Nos flechamos de inmediato y me le declaré a las semanas de habernos encontrado. Hacía tiempo que me habían echado el tarot y me dijeron que me iba a casar con una *güerita*. La identifiqué muy pronto. Tiene un carácter hermoso, comprensivo, amoroso. Cuando la conocí me dije: "Con ésta sí le entro". Había conocido a otras mujeres, no solo en la prepa sino también en la carrera. Las chicas abundaban en Comunicación y no se diga en Difusión Cultural, ambientes en donde yo me movía.

Y quiero hacer una justa confesión: Yo no estaría donde ahora me encuentro sin ella. Conchis bien sabe que se casó con un artista de carácter fuerte y volátil y aún así ha aguantado la vara. Admiro su paciencia y bondad. He aprendido mucho de ella.

No es fácil estar casada con un tipo como yo que cambia a cada rato de forma de pensar y que lo refleja en su conducta. En ocasiones me decía algo así: "No esperes que todos te sigamos el paso. Tú llegas a un escalón, lo dominas y te aburres. Y te brincas tres de golpe. Para ti eso es normal pero para no para los demás". Su hermana le decía que se había casado con una persona que se convertía en otra a cada rato. Y que eso ha de ser difícil para ella y nuestra relación.

No cabe duda que es verdad. Ella ha aguantado todos mis vaivenes económicos, emocionales y espirituales. Se aventó una buena cruzada de vida al decidir acompañarme. Pero le agradezco al universo que me la halla prestado un rato para que fuera mi maestra en esta vida. Si me aviento otra vida, le pediré al universo un segundo tiempo con ella.

Mis hijas, mi salvación

Cuando nació Cecilia, mi segunda hija, yo traía problemas con el alcohol. Pensé que iba a ser niño porque el vientre de mi esposa estaba demasiado abultado. En aquel entonces no se acostumbraba que los papás entraban al quirófano para presenciar el proceso de nacimiento. Por lo tanto entró mi papá —que era médico— como mi representante. Ya había pensado hasta los posibles nombres de un varón. Cuando salió mi papá del quirófano le pregunté: "¿Es niño o niña?". Y me dijo: "Es otra mujercita".

Tuve una sensación muy extraña, de felicidad y revelación. Cuando abrieron la cortina del cunero vi el rostro redondo de mi hija como una luna. Nació pesando un kilo y medio más que mi primera hija Ale. Se veía hermosa, con una luminosidad especial. Sentí una presencia a mi derecha como una luz dorada. No me dio miedo, no me asusté.

Escuche una voz amorosa que me decía: "Vela bien, si no dejas de tomar no la vas a ver crecer y no la vas a ver casarse, te vas a morir". Fue un momento de una revelación. Con el tiempo calibré cómo había sido mi vibración en ese momento y estaba por encima de 700. Fue como una iluminación, aunque momentánea. Más adelante pensé que había sido producto de mi imaginación. Sin embargo, esa información quedó impregnada en todo mi ser. Me dije: "Ciertamente, si sigo bebiendo, me voy a morir".

Ale, mi otra hija, no recuerda haberme visto tomar. Si acaso vagamente recuerda haberme visto con una cerveza. Yo gozaba con las dos niñas, siempre han sido mi adoración. Cecilia nació con mucho pelo, se veía muy graciosa. Siempre pensé: "¡Tienes dos hijas! Por dignidad, ¿cómo van a ver a un papá borracho?". Quizás si hubieran sido hombres, otra hubiera sido mi reflexión. Pero vivir con tres mujeres me impulsaba a dejar de tomar porque se me hacía indigno que vieran a un papá siempre alcoholizado.

Había ocasiones en que mi vacío existencial era tan profundo que no podía vincularme ni con mis propias hijas. Me sentía desintegrado, separado de todo. Mis guías me decían que era una enfermedad "espiritual". Este tipo de padecimiento significaba que me quitaban las ganas de vivir. Me preguntaba por qué si yo lo tenía todo a veces sentía que yo ya había terminado mi misión en la tierra, que quizás ya era momento de partir.

Sin embargo, al ver los ojos de mis hijas, sabía que tenía que continuar. Quería verlas crecer y recordaba esa luz que se postró a mi lado cuando nació mi hija que me decía: "Si no dejas de tomar no las vas a ver casarse". Y yo quería verlas casarse y conocer a mis nietos. Mientras escribo estas líneas ya conocí a mis primeros tres nietos: Andrea, Pablo y Joaquín.

Mis hijas fueron mi salvación. Mis padres una prueba de aceptación de que todos somos diferentes. Conchis, mi esposa, ha sido un angel a mi lado siempre dispuesta a escucharme.

He aprendido a vivir como me lo había descrito el médico: en el día a día. Trato de vivir lo más que puedo anclado a mi presente, en el aquí y en el ahora. Evito instalarme en un pasado que me lleve a la depresión y al resentimiento o intentar trasladarme a un futuro inexistente que solo me provoque angustia. A veces no me es fácil porque mi mente tiende a crear historias que en la mayoría de las veces son profundamente dramáticas pero que sé que no son una realidad.

He aprendido a entender que centrarse en el momento presente puede aumentar la apreciación de la vida y disminuir las preocupaciones. Esto no significa ignorar el pasado o el futuro, sino equilibrar esos pensamientos con una conciencia del aquí y ahora.

Es importante no quedarse atrapado en el pasado, pero también es valioso aprender de él. Reflexionar mis experiencias pasadas puede proporcionar lecciones importantes y ayudar a evitar repetir errores. Y si bien preocuparse constantemente por el futuro puede ser angustiante, planificar y establecer metas me puede resultar esencial. La clave está en equilibrar la planificación con la aceptación de que no todo puede ser controlado o previsto. Es nuestra naturaleza humana.

Ensayos de Vida

Mi relación con Dios

Por muchos años estuve muy alejado de Dios. No me podía considerar ateo porque de alguna forma sabía que existía un origen universal, un creador del mundo y de la humanidad. Mi postura era de mucha resistencia porque el conocimiento que tenía de Dios era a través de la doctrina religiosa. Había que seguir una serie de reglas, de dogmas, que siempre consideré negativas porque me restaban poder.

En mi religión no existía una dialéctica, sino más bien un monólogo sin réplica, una obediencia sofocante que me parecía imposible de lograr. Escuchaba mucho la palabra "pecado", "culpa", "vergüenza" y hasta el "no merecer vincularme con Dios". Como ejemplo: "No soy digno de que entres en mi casa" o el temible "por mi culpa, por mi grande culpa".

Me preguntaba qué clase de Dios era ese. Un Dios neurótico, castigador, muy alejado de mi corazón. Ya que, según rezaban, un pecador era indigno. Mi actitud era de protesta, porque mi reflexión era que si Dios tenía la capacidad de crear el cosmos, las estrellas, las galaxias, la tierra, las montañas, el mar y se nos decía que su creación más preciada era el ser humano, ¿entonces porqué sentía este inmenso sufrimiento? La única respuesta que venía a mi mente era que Dios me detestaba o bien mi vida le era indiferente. A lo cual yo respondía: "No te preocupes, mi actitud hacia ti es la misma, tú también me caes muy mal".

Sin embargo, después de mi fracaso económico y profesional en la Ciudad de México, al regresar a Monterrey completamente derrotado y desesperanzado, tuve la decisión consciente de contactar con la vida espiritual. Aunque este concepto se me hacia un tanto lejano, decidí hacerlo no por voluntad propia, sino porque ya no veía otra alternativa.

Mi mente estaba nublada y ya no podía dirigir mi vida en base a la razón; tenía que encontrar algo más allá muy a mi pesar. En ese momento no sabía o más bien no podía concebir la idea de un Dios y mucho menos que me ayudara a salir de ese fondo. Había escuchado de milagros, que inclusive existía un "Curso de Milagros", el cual se me hacía inverosímil, pero bueno, no tenía nada que perder.

Decidí poner en práctica las sugerencias de lo que aprendí y una de ellas era que todos los días ofreciera un regalo. No necesariamente tendría que ser algo material, podía ser una oración, una buena intención o simplemente una genuflexión. Reconociendo el alma de otra persona y comprender que todos somos uno. Lo hice sin creer en ello, simplemente lo vi como un ejercicio práctico. Le regalé a un buen amigo un par de libros. Más que eso, le regalé una buena intención; que tuviera éxito en su vida profesional. Eso me provocó una paz y una tranquilidad que pocas veces había experimentado.

Mi amigo me regaló un libro que me cambió completamente la visión de Dios: *El poder frente a la fuerza* del Dr. David R. Hawkins. Su historia me pareció muy interesante porque era un médico psiquiatra. Exponía en su texto una corriente que yo conocía y en la que me sentía muy cómodo.

Hawkins un médico reconocido de la Ciudad de Nueva York había sido ateo. En un momento crítico de su vida sufrió un infarto y postuló que si existía un Dios entonces lo ayudara. Experimentó un momento de iluminación que lo llevó a un nuevo entendimiento. Abandonó su práctica profesional y decidió compartir este conocimiento.

En su libro Hawkins me introdujo a el Mapa de Conciencia, un concepto que para mi fue de inmenso beneficio ya que comprendí que todo aquello que se vincule con las emociones más bajas producen un efecto destructor de la vida y aquellas que están sobre esta zona limítrofe son vibraciones que favorecen la vida.

Para mí lo más sencillo de comprender fue que cuando experimentaba una emoción negativa mi cuerpo se debilitaba y, si por el contrario experimentaba una emoción positiva, mi cuerpo se fortalecía.

Con el mapa de conciencia de Hawkins hubo un antes y un después en mi vida. Muchos lo encontrarán sin duda muy útil. Les recomiendo mucho su libro.

Diagnóstico: Cáncer

Estando en la fila del cine un día me abordó una joven que estaba atrás de mí. Me dijo: "Soy dermatóloga y necesito decirte algo. Tienes una lesión atrás de la cabeza que se debe revisar. No te quiero alarmar pero puede ser cancerígena".

Sus palabras me generaron angustia y ansiedad. Toda la función estuve muy asustado. Mi yerno estaba estudiando su especialidad en cirugía plástica en Guadalajara. Coincidentemente ese fin de semana estaba en Monterrey y se hospedaba en mi casa. Cuando lo ví le platiqué lo sucedido en el cine y le pedí que me revisara. Me dijo:" Es probable que sea cáncer y habría que extirparlo. Yo vengo a operar el próximo fin de semana. Te programo antes de mis otras cirugías. Mientras tanto que te revise una especialista".

Al día siguiente fui con una doctora que mi yerno me sugirió ver. Me corroboró lo mismo. Esa semana me volvió loco la espera y la incertidumbre. Tuve una sesión de ayahuasca dos días antes de la cirugía y conversando con Dios le pedí que todavía no me llevara. Quería ver crecer a mis nietos. El día de la cirugía me dijo mi yerno que podía hacer una incisión conservadora pero que prefería hacerla más grande para asegurarse de extirparlo todo. Me advirtió que mi piel quedaría arrugada por un tiempo ya que el área no tenía espacio para que ella cediera. Le contesté: "Tú dale".

En ese momento lo último que me importaba era la estética. Me dijo que tardarían tres días en analizar la muestra. Llego el tercer día y no me habló. Pensé lo peor. Un día después de lo previsto me marcó y me comentó que la doctora prefirió mandarlo a otro laboratorio que tenía un equipo más sofisticado porque quería asegurar el diagnóstico. Me sentí todavía más angustiado. Tres días más pasaron y me volvió a contactar. Antes de saludarnos le dije: "Échame la noticia de una vez". Me respondió: "Sí es cáncer".

Yo estaba de pie y mis rodillas cedieron. Sentí que no me podía sostener pero me contuve. Me comentó que afortunadamente estaba encapsulado y pudo extirparlo todo. Entonces descansé, sentí que me liberaba de una gran carga que durante días me estuvo pesando y me provocaba insomnio y desesperación.

Ahora entiendo que todas las enfermedades son somatizaciones de la mente. Yo sabia que el cáncer tenía que ver con el resentimiento así que había que seguir trabajándolo. Me di cuenta de que no había perdonado muchas cosas aún. Después de unos años me comentó mi yerno:" Era de los agresivos pero no te quise alarmar. Si no lo detectábamos a tiempo no la librabas".

No hay coincidencias, a la doctora del cine me la mandó Dios como un aviso. Me quiso decir que debo cuidar más de mi salud aún y cuando he superado mis crisis. Pero sobre todo me quiso decir a su manera de que debo seguir con mi misión en esta vida. Todos tenemos una misión y hay que seguirla. Continuar con ella sugiere una comprensión más profunda de la existencia personal.

Y me explico: Todos, en algún nivel, buscamos propósito y significado en nuestras vidas. Esta búsqueda puede manifestarse de diferentes maneras, dependiendo de nuestras experiencias, creencias y ambiciones. La idea de tener una misión implica que cada uno de nosotros tiene algo único que aportar al mundo, una contribución personal que va más allá de las obligaciones cotidianas o los logros personales y materiales, llámese fama, reconocimiento público o dinero.

Reconocer y abrazar nuestra misión en la vida llega a convertirse en una poderosa fuente de motivación y satisfacción. Nos impulsa a superar obstáculos y a perseguir metas con pasión y determinación. Y esto va alineado con el cuidado de mi salud, es algo que he aprendido en todo mi proceso de sanación. Si vemos nuestra salud no solo como un medio para evitar la enfermedad, sino como un recurso esencial para cumplir nuestra misión, es posible que actuemos mejor, con decisiones más conscientes.

El asomo del cáncer fue una clara llamada de alerta. Todavía faltaba chamba qué hacer en la vida.

El Maldito Miedo

Viví con un gran miedo en mi etapa de detección de cáncer. El miedo es un sentimiento o una emoción presente en toda la humanidad y en entornos más allá de la salud. Por ejemplo, tenemos temores constantes a ser rechazados, a perder la reputación, a emprender un negocio y fracasar.

Tenemos miedo a la vejez y eventualmente a la muerte. Si empezamos a tener una actitud compasiva con nosotros mismos, comenzaremos a comprender que el miedo es parte de nuestra humanidad, de nuestra naturaleza instintiva. El ego siempre tendrá una resistencia a aceptar que tiene miedo porque quiere aparentar que es fuerte y esto muchas veces se puede disfrazar de agresión.

Es decir, mientras más grito en una situación que demanda orden puedo llegar a creer que de esta manera me respetará más la gente. Pero no es así: la realidad es que del tamaño del grito es el tamaño del miedo. Las personas que realmente están empoderadas hablan poco, escuchan mucho, nunca alzan la voz y no tienen una actitud pesimista de la vida. En la observación compasiva y en el silencio amoroso está muchas veces la sabiduría.

Si aceptamos que tenemos miedo podemos encontrar una gran herramienta para impulsarnos y poderlo trascender. Es decir, si nos encontramos en una postura de miedo y lo aceptamos tenemos la opción de paralizarnos o de enfrentarlo. ¿Qué escogerías tú?

Es como si nos dijeran: "Sí acepto que lo tengo, pero no soy cobarde". El miedo puede ser una fuerza para impulsarnos si lo identificamos y lo podemos integrar en nuestros procesos de crecimiento personal. De otra forma, si no lo tenemos ubicado e identificado, simplemente seguirá siendo parte incómoda de nuestra existencia y nos paralizará en el camino.

Para vencerlo hay que estar alertas. Los medios de comunicación (o debería decir, "los miedos" de comunicación) y la publicidad tienden a suministrarnos y difundirnos temor muchas veces. Nos presentan mensajes y estados de urgencia, de peligro, de enfermedad, como una forma de manipulación y de control. Si a todos estos estímulos agregamos nuestra propia interpretación de la vida y nos dejamos manejar por el miedo, nuestra visión será enteramente fatalista.

En nuestra vida cotidiana, una buena forma de poder trascenderlo es pensar que, si emprendemos algo, podemos fracasar y que el fracaso es un elemento que se puede presentar por haberlo intentado. Si aceptamos que tenemos miedo al fracaso, al rechazo y al ridículo, las posibilidades de éxito se incrementan. Esto es, si tomamos un riesgo y no resulta como nosotros esperábamos, podemos volver a empezar desde la experiencia.

Hoy identifico que el miedo ha sido un sentimiento que me ha acompañado toda mi vida desde la niñez. Recuerdo perfectamente la primera vez que me llevaron al kínder. de cómo abrazaba a mi madre con todas mis fuerzas para que no me dejara con gente desconocida. No sabía jugar, no podía jugar. Me acuerdo de que me sentía paralizado. Después supe que era un trastorno de angustia generalizada por no poder afrontar la vida.

Tuve miedo de ir a la escuela primaria, de que mi letra fuera fea o de no cumplir con las tareas. Me daba mucho temor salir al recreo porque —insisto— no sabía jugar. Tenía pánico de reprobar las materias o de sentirme expuesto frente a mis compañeros y compañeras. En mi niñez, ese miedo fue paralizante porque no sabía cómo enfrentarlo y manejarlo. Mi mecanismo de defensa instintiva fue simplemente reprimirlo; ahora entiendo que era un estado constante de angustia existencial.

Creo que he aprendido a llevarlo en mi vida en cuatro pasos: identificándolo, enfrentándolo, haciendo conciencia de que lo tengo y muchas veces venciéndolo finalmente. Lo que es más, he llegado al extremo de tener una relación amistosa con él y pedirle que no me paralice, sino que me impulse. Mi reflexión en todo esto es que el miedo es una forma de poder salir de la zona de confort, porque al tomar riesgos estoy avanzando.

Para mí el miedo ha representado una gran herramienta de evolución. He descubierto que su presencia es una desalineación de mi voluntad con la conciencia universal. Es como una duda constante que se nos presenta para cuestionar lo que estamos haciendo o emprendiendo y decirnos que todo puede acabar finalmente en un inmenso fracaso. Sin embargo, si logramos salir del problema, verlo desde afuera y reconocerlo, podemos llegar a encontrar una solución y aprender a trascenderlo.

Quítate las culpas

Todos pasamos por sentimientos de culpa. Hasta en la Iglesia nos recuerdan en cada misa que debemos reconocerla: ("Por mi culpa, por mi culpa, por mi gran culpa"). La persona que la experimenta llega a tener una visión de un Dios rencoroso. El proceso que existe —de seguirlo— es de destrucción garantizada.

Dr. David R. Hawkins dice que la culpa es utilizada como una herramienta de manipulación en nuestra sociedad. Es una emoción que, al igual que la vergüenza, está cercana a la destrucción. Pareciera ser que las personas que llegan por alguna circunstancia en la vida a experimentarla no se sienten merecedoras de existir. La vida parece maligna y hostil. La culpa se vincula con el remordimiento, con la idea de no merecer y que puede tender a pensamientos y conductas suicidas.

La culpa genera violencia y obsesión con el castigo, con la intolerancia y con la falta de respeto a la diferencia. En familias disfuncionales se tiende a proyectar la culpa provocando un clima inseguro y hostil. Las personas culposas son proclives a la victimización y al desempoderamiento. Literalmente están a merced de la opinión y de la conducta de los demás.

La culpa es una emoción que, de alguna forma u otra, todos los seres humanos hemos experimentado y ésta puede ser suministrada por otras personas o bien inconscientemente por nosotros mismos. La persona "culpógena" es usualmente hipersensible y susceptible a cualquier comentario negativo ya que depositan todo su poder en la opinión o la conducta de otras personas.

Según Hawkins, el dominio de la culpa en la sociedad resulta en la preocupación por el pecado, una actitud emocional implacable y frecuentemente explotada por representantes religiosos que la utilizan para coerción y control. Y crearnos miedo. Estas personas, obsesionados con el castigo, están actuando a través de su propia culpa o proyectándola en otros.

Por ende, añade Hawkins, la culpa puede predominar con el juicio de sí mismo como un gusano indigno, inmeritorio, despreciable, que es detestado por Dios, desmerecedor de la salvación y mucho menos del perdón. La culpa toma la forma de penitencia, odio de sí mismo, castigo psicológico y físico. Y a veces suicidio. Esta trampa puede ser trascendida con compasión, perdón y el entendimiento de que la humanidad y los individuos son limitados, ignorantes y que no comprenden el por qué lo hacen.

Hawkins nos comparte que el ego se robustece con la culpa y que, la única forma de poder liberarse de la misma, es a través de la derrota, rindiéndola a un poder superior. El encadenamiento con la culpa es la negación o la aceptación de que como seres humanos falibles nos podemos equivocar, haciendo del individuo una persona rigorista e inflexible. El perfeccionismo es una forma disfrazada de la mente, ya que no acepta el error como una experiencia.

Dice también que el lado luminoso de la culpa puede darse cuando hacemos entendimiento de que la experiencia humana implica prueba y error. Generalmente, la persona "culpógena" no toma riesgos por temor a equivocarse, ya que no tolera la posibilidad de ser ridiculizado al cometer una equivocación.

La culpa, dice Hawkins, puede confundirse con un moralismo extremo en donde los individuos pueden cometer atrocidades, como dañar o matar en nombre de Dios. La religión tiende a manejarla como un medio para aplicar el miedo de tal manera que pareciera ser que solamente por la intermediación de las instituciones religiosas pudiéramos encontrar la salvación. La culpa está íntimamente vinculada con el remordimiento; por lo mismo, se ancla en el pasado.

Comenta que otras de las vertientes de la culpa es que pareciera ser que al ser indignos de la misericordia de Dios —y auto-flagearnos por ello— nos convierte en personas que adoptamos el sufrimiento como parte de la vida. Vivir con culpa es literalmente desperdiciar el regalo de la vida. Y una buena forma de poder aminorarla es a través del perdón, repetirnos que en ese momento en el que tomamos una decisión lo hicimos por ser la mejor opción.

Al ser ingenua la mente —y el ego al ser soberbio— nos hacen ver que los errores son imposibles de enmendar. Sin embargo, a través del perdón y la reconciliación logramos ver la experiencia como un proceso de aprendizaje, podemos comprender que simplemente fue eso —una experiencia— y que si acaso no resultó como nosotros hubiéramos querido podemos corregirla simplemente con decirnos: "La próxima vez voy a ..." (y establecer un buen propósito).

Incluso, si logramos agradecer la experiencia, el proceso será transformativo, ya que nos convertirá con el tiempo en personas con una profunda sabiduría. El ego nos ofrece una "recompensa engañosa" al buscar que mantengamos una postura de resentimiento y remordimiento. Es decir, le es difícil por voluntad propia invitarnos a practicar el perdón.

Al perdonar podemos transformar la culpa y el odio en benevolencia, y para lograrlo, ya que el ego no puede trascenderse a sí mismo, tenemos la alternativa de pedir ayuda divina. Lo explica Hawkins con la siguiente frase: "Aquello que el ego no puede levantar con toda su fuerza de voluntad, la gracia de Dios lo puede cargar como una pluma".

Perdón y Aceptación

En algún lugar escuche esta frase: "Yo te perdono a ti (llenar aquí persona o cosa)… por (llenar aquí tu caso)… y me perdono a mí mismo por guardar este resentimiento que nos ataba".

Cuando entré hace algunos años al camino espiritual me empezaron a hablar del perdón. De hecho fue el primer concepto que escuché del Dr. Deepak Chopra en el retiro espiritual de San Diego, experiencia que relato en la primera parte del libro.

"Perdónense", nos decía el maestro. "Ustedes no sabían que las decisiones que tomaron iban a tener un resultado negativo". Entonces me pregunté a mí mismo "¿Por qué empieza este curso hablando del perdón?". Se me hacían muy acertadas sus palabras… ¡Era como si estuviera hablando especialmente de mí!

La sala estaba llena y me dije a mí mismo: "Seguramente todos están igual que yo, difícilmente alguien entra al camino del entendimiento si es muy exitoso". Para mí el camino del entendimiento tuvo que ser a través del infierno, la pérdida y el quebranto como he relatado anteriormente. El quebranto financiero, por ejemplo, no fue otra cosa más que un quebranto interno.

Nos decía Simon: "El perdón es la única moneda corriente que necesitas, la otra moneda compra puras cosas extrañas". Mi mente me decía que yo había perdonado todo... pero si profundizaba aún más, no estaba seguro si tenía que haber perdonado algo. Es más, para dejarlo más claro, no sabía ni qué significaba el perdón.

Llegué a comprender que una persona que no se quiere —y que se odia a sí misma— no se ha podido perdonar algo de su pasado o su presente. Cuando fui profundizando cada vez más en el perdón, escuché varias definiciones y referencias alrededor de este concepto que llamaron mi atención:

Perdono lo que hay en mí que atrae esta situación.

El resentimiento es como tomarse el veneno pensando que le va a afectar al otro.

Renunciar categóricamente a que el pasado pudo haber sido diferente.

Comprometerse categóricamente con el presente.

Hacerte responsable de que solamente tú puedes liberarte del resentimiento.

No puede practicarse el perdón si no se comienza con la aceptación. En este nivel de conciencia se entiende que uno es la fuente y el creador de las experiencias de la vida. Asumir esta responsabilidad es lo que distingue este grado de convivencia en armonía con las fuerzas de la vida.

El Dr. David Hawkins en su libro *el poder frente a la fuerza* "nos comparte que en el nivel de aceptación se da un salto enorme, se recupera el propio poder cuando se toma conciencia de que la fuerza de felicidad está dentro de uno. El amor no es algo que otra persona da o retira sino es algo que se genera dentro. En ella se ve que los demás tienen los mismos derechos y se honra esta igualdad. La aceptación es incluyente en lugar de discriminatoria.

Este es el nivel del perdón y de la trascendencia. El nivel de la aceptación sube nuestra energía y se puede decir que es la puerta de entrada a los niveles superiores de la conciencia".[1]

Puedo pensar que me puede ir bien o puedo pensar que me irá mal. Sin embargo, en la aceptación estamos basándonos en el poder del universo. Hay que hacerlo sin estar juzgando o instalados en la dicotomía del bien y del mal, de la justicia o de la injusticia. Es el nivel de la verdadera responsabilidad, de reconocer que no hay nada fuera que nos pueda hacer feliz, ya que si externalizamos las causas de nuestra felicidad estamos a merced de las vicisitudes de la vida.

La aceptación y el perdón son dos pilares fundamentales en el proceso de sanación emocional y espiritual en nuestros procesos de vida. La aceptación implica reconocer y acoger nuestras experiencias, sentimientos y realidades sin resistencia. Este reconocimiento no significa necesariamente estar de acuerdo o sentirse complacido con lo que ha ocurrido, sino más bien entender que es parte de nuestra historia y experiencia vital. La aceptación es el primer paso hacia la liberación de cargas emocionales, ya que permite afrontar la realidad sin el velo de la negación o la ira.

El perdón, por otro lado, es un acto de liberación profunda, tanto para quien perdona como para quien es perdonado. No se trata solo de disculpar a otros por sus errores o daños causados, sino también de perdonarse a uno mismo. Este proceso implica dejar ir el resentimiento, el rencor y la amargura que a menudo nos atan al pasado y nos impiden avanzar.

De esta manera puedes volver a fluir con el universo y reintegrarte a la consciencia suprema en que funciona.

Ambos, aceptación y perdón, son actos de profunda compasión y de amor propio. A través de ellos, nos liberamos de las cadenas del pasado y abrimos espacio para la sanación y el crecimiento personal. El perdón no siempre es fácil y la aceptación puede ser un desafío, pero ambos son esenciales para cerrar capítulos dolorosos en nuestras vidas pasadas y presentes y avanzar hacia un futuro más pleno y pacífico. En última instancia, estos procesos nos permiten reconectar con nuestra esencia y con los demás de manera más auténtica y saludable.

El Poder del Guerrero

He aprendido a aceptar la vida tal como es. He entendido que el alma se desprende del gran espíritu de Dios para aventurarse y arrojarse al abismo de ser humano. Tenemos que atrevernos a vivir en el miedo y poderlo trascender cada día, aunque a veces sea por horas, por minutos, o por segundos. Comprender que la vida es un instante: Es el soplo divino del amor.

Llega un momento en que tenemos que aceptar que todo está bien, gozar de nuestros triunfos y admitir nuestros errores. Aprender a vivir el presente y agradecer el pasado por más oscuro que parezca. Porque perdonarlo lo convierte en un tesoro para vivir el hoy.

El futuro no existe, es una ilusión. Pero nos guarda el regalo de la incertidumbre en donde habita la verdadera evolución. Cierto, el camino es difícil y no tiene salida. No te permite escapar. Y es por eso que el alma guerrera lo eligió, por el desafío que representa vivir.

El perdón es el camino a Dios que enmienda mis errores y que me señala que está bien equivocarse porque significa que lo intenté. Que está bien haber perdido porque certifica que luché. Que está bien haber triunfado porque también lo merecí. Hay que perdonarlo todo, TODO, empezando por perdonarme a mí.

Es igual de importante comprender que el poder está en el centro de tu ser y no en las orillas del orgullo. Que el poder es la verdad de Dios, de tu propia divinidad, de tu coraje de vivir y no producto de la mentira y de la vanidad. Que está bien hablar y compartir y también estar callado en tu propio mundo. Que se vale estar alegre y también estar triste y contemplar sin juzgar el porqué.

Que todo está bien. Que está bien tomártelo personal, aunque te digan que nada lo es. No eres autómata y está bien si te sientes herido, si te sientes insultado. Que está bien si hoy quisiste celebrar con tus amigos y mañana te quisiste aislar y recluir.

Estar en el poder es aceptar, perdonar y agradecer. Tenemos que permitirnos enojarnos con el universo porque no te dieron lo que querías. ¿Te has puesto a pensar que quizá te está guardando algo mejor? El universo siempre te dice que sí pero no te dice cuándo.

El término "poderoso" no significa superior o desafiante. Significa reconocerte igual que todos los que están en el camino de la vida. Y también reconocerte que tú eres único por tus talentos que vienes a compartir en la vida con los demás. Porque estos talentos son tuyos y solo tuyos. Son los que te hacen especial en este planeta. Todos en tu alrededor son tus compañeros, aunque algunos se disfrazan de enemigos.

Estar en el poder, aunque sea por momentos, significa estar en paz, estar centrado, y en la medida que puedas permitirte ser feliz. Así vas a atraer todo lo que quieras, todos los regalos de la vida. Estar en el poder es estar en tu misión de vida sin que te esfuerces. Vivir en el poder es vivir la magia del amor, es participar en la iluminación, no como un término abstracto sino humano. Esto es vital para poder despertar y darte cuenta que hay que abrir los ojos y mirar con el alma.

Vivir en el poder no significa ser la víctima ni el victimario. Es aceptar que somos todo., la luz y la oscuridad, la verdad y la mentira, el noble y el perverso. El poder prestado es débil y volátil porque proviene del miedo. El poder del alma es libre y es fuerte porque proviene del amor. Está bien de repente pedir ayuda.

Poder también es hacer, aunque tengas miedo. Pregúntale a tu ser cómo lo puedes lograr. Que está bien si un día te admiraron y te lo dijeron. Y que al otro te criticaron o te atacaron. Así hemos actuado todos. Está bien si un día te acompañaron y después te ignoraron y te abandonaron. Fueron tus maestros y cumplieron su misión. Tú los escogiste a todos.

Cada quien tiene razón y cada quien tiene un porqué. Solo pregúntate *para qué*. No luches, no te resistas, mejor ponte en sus zapatos pues su camino ha sido igual o más pesado que el tuyo. Está bien si te resentiste pues naciste para sentir. Ya te reconciliarás.

Está bien un día estar cuerdo y el otro loco. Necesitas los dos. En modo cuerdo actúas, manifiestas. Como loco creas. Para crear tienes que tocar la locura. Está bien estar sano y estar enfermo. Estar despierto en la conciencia y dormido en la ignorancia. Porque para llegar al cielo tienes que cruzar por el infierno.

El camino del poder es para valientes, para los intrépidos. Para los que eligen un solo camino, sin perder el tiempo. Tú eres un guerrero, todos lo somos en potencia. Camina con firmeza y dignidad el camino del poder. No te distraigas en tu sendero, llega a conocer y conectar con Dios.

Neutralizar y disolver el ego

El ego está inhabilitado para verdaderamente gozar la existencia terrenal. Tiende al drama, a la auto conmiseración, al resentimiento y la culpa. Es conveniente disociarse lo más pronto en tu vida de él, observarlo de manera constante y referirnos a éste en tercera persona para así poder disolver su supuesta identidad. Hay que considerarlo como un referente sin género que habita en nuestra mente, la cual es de naturaleza primitiva, por lo que fácilmente puede sabotearnos con el miedo.

Con mi experiencia de vida he constatado que el ego es vanidoso en extremo, capaz de adjudicarse los logros, las ideas y los éxitos de manera inmediata, desestimando el infinito poder de Dios con el cual quiere competir y negándose a pedir, recibir o merecer su ayuda. Sin embargo, en el fracaso no dudará en proyectar la culpa fuera de sí mismo, de su poder inferior, de su yo limitado y lastimado.

El ego culpará a la política, al medio ambiente, a los oleajes económicos, pero como es narcisista jamás aceptará su propia responsabilidad. Proyectando culpa, se robustece y cree que gana al convertirse en víctima de las circunstancias externas. De tal manera que en esa postura jamás podremos empoderarnos.

Nuestro señorío se encontrará a merced de sus caprichos insaciables. El señorío comienza con la observancia de nuestro poder inferior, del "yo lineal" limitado. Habrá que vigilarlo sin juzgarlo para que no persista en su afán destructivo. Así tendremos acceso al valor y a la trascendencia, hacia la transmutación, al poderío.

El ego sigiloso tratará de esconderse y disfrazarse con muchos rostros, desde la desesperanza existencial en las vibraciones más bajas de culpa, vergüenza y apatía, hasta el orgullo espiritual de la falsa humildad. Estos nos sitúan en una posición frágil y volátil, porque al ser descubierto pierde su buena reputación. El orgullo y la soberbia se pueden disfrazar de empoderamiento cuando la realidad es que esconden un miedo aparente.

El ego es un falso poder sujetado con alfileres, un castillo de naipes que se colapsa con el más ligero soplo. Una vez que decidimos acceder al poder, a nuestro ser y conciencia, se neutraliza la obstinación de la mente por querer lograr todo por fuerza de voluntad negándose así categóricamente a soltar el control a una inteligencia intangible, que tiene la capacidad infinita de remover con gracia y facilidad los obstáculos a través de su óptica, de su percepción distorsionada, de la realidad.

Estos obstáculos podrían parecer en cierto momento imposibles de trascender. Al derrotarse y soltar el control, la mente lo significa como una muerta simbólica. El ego orgulloso se siente descubierto, vulnerado y superado por la verdad de la existencia misma. Pedir ayuda le parece débil o sensible cuando se cree que es el único, el verdadero poder.

El ego es una parte fundamental de nuestra psicología, pero a menudo se convierte en nuestro propio obstáculo en el camino hacia el crecimiento personal y espiritual. Es interesante notar cómo el ego reacciona de manera diferente ante el "no se puede" y el "yo no puedo". Cuando se enfrenta al "no se puede", el ego encuentra una vía de escape al proyectar la culpa hacia el consciente colectivo, evitando así responsabilizarse. Sin embargo, cuando se enfrenta al "yo no puedo", se ve obligado a mirar hacia su propio interior, a confrontar sus limitaciones y debilidades.

A menudo lucha ferozmente por mantener su identidad, incluso cuando esta identidad está basada en patrones de pensamiento negativos o autodestructivos. La resistencia a soltar lo que nos limita puede ser abrumadora, ya que teme perder su control sobre nuestra vida.

Es importante reconocer que el crecimiento personal implica soltar el apego al ego y estar dispuesto a observarnos a nosotros mismos con honestidad. Solo cuando nos permitimos ver nuestras debilidades y limitaciones, podemos trabajar en superarlas y evolucionar como personas. Doy testimonio de ello.

El proceso de soltar el ego, de neutralizarlo y restarle su supuesto poder, puede ser desafiante, pero es esencial para alcanzar una mayor autenticidad y plenitud en la vida. Al liberarnos de su prisión podemos experimentar una conexión más profunda con nosotros mismos, con Dios y con el mundo que nos rodea, permitiéndonos crecer y evolucionar hacia nuestra mejor versión como seres humanos.

Pasado, presente… y ego

Mis historias de vida me han permitido corroborar que si vivimos en el pasado se nos imposibilita disfrutar y valorar el presente. Al hacerlo se aniquila la posibilidad de crear porque toda la energía se destina a conservar el resentimiento. En este proceso de apreciación temporal juega un papel determinante un protagonista que no podemos dejar de considerar: el ego.

El ego tiene una inmensa recompensa si no perdona. El resentimiento le provoca un placer malsano, el resentimiento es para él una especie de droga. Goza del victimismo y suelta cualquier responsabilidad que conlleva el poderío, la capacidad de soltar el pasado, renunciando categóricamente a que pudo haber sido diferente.

Al no soltar el resentimiento, el ego intenta someter al espíritu en lugar de liberarle las riendas para que permita al Ser la responsabilidad de cortar con el pasado. Solo el Ser, la conciencia, puede trascender el resentimiento, ya que el ego enfermo no puede trascenderse solo.

Es decir, por fuerza de voluntad es imposible salir de la tenacidad del ego. Sería como apagar un fuego con gasolina. Solo la conciencia lo puede sanar. El ego no puede sanarse solo, no le conviene. Permitiendo que la conciencia perdone y libere el pasado, se tendrá la capacidad y la fuerza para un nuevo entendimiento, para una nueva creación.

De esta manera pasaremos a vibrar con una nueva energía, llena de entusiasmo porque ya no tiene que desgastarse en mantener encendido el resentimiento. El resentimiento es una fuga energética que no le permite al ser humano gozar en el presente. Pero al perdonar recuperamos nuestro señorío, nuestro poder para manifestar todo lo que merecemos.

Bajo el resentimiento, la culpa y la vergüenza nos resulta imposible crear un pasado sin perdón. El presente implica responsabilidad. Ni en el pasado, ni en el futuro hay posibilidad de creación porque ambos son producto de la imaginación, son producto del ego. En el presente se encuentra Dios. No sobrevivió el negocio, crea otro. No me fue bien con el socio, habrá nuevos compañeros.

Te invito a generar nuevas ideas, a cambiar el *chip*. Arriésgate a lo nuevo en lugar de aferrarte a lo conocido, que es donde habita el ego. Si llegas a pensar: "No sé hacer otra cosa o ya estoy grande para esto o aquello", aprende y reinvéntate, todavía tienes tiempo. O si llegas a decir: "Estoy muy chavo y no tengo la experiencia necesaria", arriésgate a dar un solo paso, tan solo uno, para que luego se conviertan en millones de pasos, significativos en tu experiencia de vida.

Vivir en el pasado, sin perdonar los errores, es como un lastre, un cordón que consume toda la energía cuando la conciencia quiere permanecer en el aquí y en el ahora.

Al vivir en tiempo pretérito tu vida se convierte en un globo aerostático anclado al suelo. Después de que el sufrimiento se hace insoportable, tenemos la opción de voltear hacia dentro a la luz para que nos permita cortar con esos cordones, los lastres, y así el globo pueda ascender libremente sin esfuerzos innecesarios de rencor. Una vez que tenemos el valor, el coraje de aceptar, de perdonar y agradecer nuestros errores y sin juicios es cuando realmente tenemos la oportunidad de crear grandes cosas.

Así que la invitación es anclarnos mejor en el presente —no en el pasado— para no permitirle al ego instalarse en el miedo. Recuerda: tanto en el pasado quejoso y amargado como en el futuro fatalista radica el ego. Los errores los magnifica el ego y puede regodearse en ellos toda una vida en lugar de soltar, perdonar y confiar para permanecer en la quietud del presente, sin consumir energía innecesariamente, amarrado al resentimiento y la culpa.

Si seguimos acordonados con los errores del pasado será imposible el acto de crear porque al no perdonar el error, podemos pensar que ya no tenemos una nueva oportunidad de creación. Cuando esos errores según la óptica del ego se perdonan, los convertimos en una experiencia de vida para volver a empezar. El ego, al amarrarse con esa actitud derrotista por un error, piensa que ya no hay forma de volverse a rescatar, de volver hacer un negocio, de tener una mejor relación.

Porque el ego se amarra al miedo de tal manera que, en el presente, en donde no le gusta vivir, piensa que no tendrá una oportunidad. Sin embargo, el alma no considera nada como un error que se tenga que perdonar. El alma considera lo que el ego llama "error" una experiencia de vida. Mientras el ego se ancle al pasado será imposible llegar a ejercer tu poder. Solo con el valor consciente de soltar el pasado podemos acceder y reclamar nuestro señorío, nuestra gallardía.

Para el ego nada es suficiente porque suele ser voraz, demandante e insaciable. Por ejemplo, la meta financiera una vez que se alcanza, al instante ya parece ser insuficiente. El ego tiene una relación patológica con el dinero. Por otro lado, mientras más dinero se tiene, más se atesora y más se desea porque el ego no puede salirse de la aparente escasez y limitación. Es decir, sigue con el miedo de la pérdida y, por otro lado, se le fuga por culpa, por no merecer.

No seas de las personas que se dedican a hacer dinero olvidándose de todo, hasta de sí mismos, con el miedo en el futuro e incapacitados para gozar la abundancia en el presente. En lugar de ello, busca un equilibrio entre asegurar tu futuro financiero y disfrutar plenamente el presente. La vida es una combinación de momentos valiosos que merecen ser experimentados y disfrutados, así que no permitas que la obsesión por el dinero le dé "vuelo" al ego y te impida vivir una vida plena, significativa y feliz.

Dios es tu socio

Mis experiencias en los negocios y en las finanzas han presentado altibajos: épocas de bonanza y de abundancia, etapas de escasez y de miedo. Me he devaluado muchas veces, como ser humano y como emprendedor, pero finalmente he vencido las adversidades con resiliencia y gracias a una fuerza poderosa que me acompaña: Dios.

He aprendido a transmutar a Dios y verlo como mi **socio capitalista.** He decidido tener una nueva visión del Universo, adoptar una nueva visión de Dios. Debemos en nuestra vida terrenal vincularnos con Él y verlo como un compañero de viaje y de negocios. Socio capitalista en el dinero, pero también en el amor. Cultivar a través de su Ser más capital de relaciones, de salud física, mental y espiritual. Capital en sabiduría y en la razón. Capital en autoestima, en coraje, en merecimiento. Capital de asombro, de sensibilidad, de perdón y agradecimiento. Capital en la aceptación de nuestra humanidad, de la reconciliación de la mente con el espíritu para poder evolucionar.

Debemos luchar para tener el valor de quitarnos la venda de la amnesia elegida y poder reconocer a Dios como tu compañero en esta vida. Comprender que todos estamos sacando lo mejor de nosotros mismos para transitar esta aventura temporal. Aceptar que a veces la vida y sus circunstancias nos maravilla y a veces nos atemoriza y entender que todo obedece al orden perfecto del Universo, al origen, al caos, para seguir moviendo la dinámica cósmica, para aprender y seguir creciendo.

Entendamos que en nuestros defectos —en nuestras fracturas y en nuestra condición humana— se encuentra también nuestro trabajo espiritual. No negarnos al hecho de que somos seres espirituales que venimos a tener una experiencia humana y no en una forma separada.

Debemos reconocer que somos ser humanos y que nacemos y crecemos con nuestros defectos de carácter. Sobre todo, aventurarnos a tomar la responsabilidad de nuestra vida, de nuestro diseño del alma, de nuestro destino para escaparnos de la queja y acercarnos más a Dios.

A fin de cuentas, es esta inversión espiritual la que me ha dado muchos más dividendos que lo que me dio el trabajo de la política. Eso es lo que verdaderamente significa la abundancia: no lo que tengo en el banco sino lo que está guardado en mi corazón. La manifestación material es trabajo de mi conciencia, Dios es mi socio y mis posibilidades son infinitas. La única dependencia valida es la de la inteligencia creativa de Dios.

Te propongo escapar del odio y del resentimiento y transmutarlo en perdón y en entendimiento. Te invito a liberarte del pasado estéril para crear un presente fértil en donde se manifiesten todas las posibilidades. Te hago un llamado a tener el coraje para zafarte de las garras de la tristeza y atreverte a ser feliz. Pero para ser feliz se necesita coraje, se necesita confiar en tu mejor socio en esta vida terrenal y en la vida espiritual: Dios.

Nuestra relación con el dinero

El ser humano está condicionado a la competencia usualmente agresiva y hostil. Si en vez de competir con otros, conectamos con ellos por medio de la cooperación aumentamos la capacidad de generar riqueza y abundancia.

Si estamos constantemente compitiendo enviamos entonces al universo una señal de escasez y de limitación, como si no hubiese recursos suficientes para todos. Comenzaremos a experimentar pensamientos negativos como: "Tengo que ganar este cliente, quitárselo a mi competencia", porque pareciera ser que los recursos se van a terminar y que son insuficientes.

Sin embargo, si consideramos que hay suficientes recursos provenientes del universo para todos, entonces tendremos acceso a la riqueza de una forma orgánica, espontánea y natural. Tenemos que evitar la envidia por el éxito de los demás y mejor alegrarnos por el triunfo del otro. Esto provocará una sensación natural en nuestra vibración, que nos permitirá generar más riqueza, ya que estamos en el entendimiento de la suficiencia. De ahí la importancia de tener una relación sana con el dinero contra tener una relación patológica con el dinero.

La relación sana se vincula con la suficiencia. La relación patológica se acordona con la escasez y la limitación porque no es otra cosa más que tener una relación con el dinero desde el miedo, ya que el ego piensa que se va a acabar. Sin embargo, si vivimos en una relación sana debemos empezar viviendo en el hoy. Hacer un compromiso con el hoy. Proyectar el futuro, pero no instalarnos en él, y comprender que la riqueza la estamos viviendo en el momento.

Quizás para una persona la riqueza puede representar poseer diez millones en el banco, un avión, un yate, o un departamento en Nueva York. Para otra persona, la riqueza puede significar un plato de lentejas. En cualquiera de los casos, ambos son válidos, la clave es el agradecimiento.

Un clásico ejemplo de la relación patológica con el dinero es querer ahorrar ilimitadamente, pensando en que tendrá que ser utilizado para la senectud o para la enfermedad; eso en sí mismo ya está dando una decrepitud anticipada y estamos atrayendo la enfermedad. Por otro lado, podemos dilapidar el dinero, literalmente tirarlo a la basura por culpa, por vergüenza o por no merecerlo. Estas dos caras de la moneda nos provocarán la pobreza, no solo financiera sino espiritual.

Si entablamos una relación sana con el dinero, lo que se tenga por día será suficiente. Habría que reflexionar: "¿Cuánto dinero necesitamos para un día?". En realidad, el ser humano necesita muy poco para existir, ya que lo más importante en la vida es respirar y eso no requiere dinero. Si tomamos la decisión consciente de vivir en la abundancia, entonces tenemos que vivir en el merecimiento, en la riqueza espiritual y emocional que en sí misma se transmute en riqueza financiera.

Si podemos integrar el concepto de que el Banco Central es el universo, no hay forma que no podamos acceder a la riqueza financiera. No veamos ni siquiera el dinero mismo como la fuente de la riqueza. Si lo vemos así, nuestra riqueza será limitada.

Si confiamos en que es la conciencia la que se encargará de facilitar la riqueza y tenemos el valor de merecer, entonces… ¿por qué no comprarte un boleto de primera clase?. Puesto que la riqueza provoca más riqueza. Y si confiamos que ese boleto lo paga el universo, enviamos la señal del merecimiento para que llegue más. Pídele al universo lo que quieras, y simplemente considéralo un hecho.

Atreverse al riesgo

Uno de los artículos que se publicó acerca de mi película Adictos llevaba el título de "Adicto al riesgo". Éste describía la forma en la que había realizado la película. Entre otras cosas decía que el error que cometí fue haber tratado de jugar muchos papeles en la realización. Me señalaba como una persona adicta al riesgo ya que había invertido una cantidad fuerte de mi propio dinero. Me hizo dudar no solo de mi capacidad intelectual, sino de mi visión como empresario.

Siempre me había considerado una persona que al tomar una decisión profesional tenía una idea bastante clara del resultado. Ciertamente en ese caso no había sido así. Sentía que había sido un fracaso profesional y un fracaso artístico. Fue algo que cargué por muchos años atormentado por el *hubiera*.

Constantemente me repetía: "No debí haberla hecho, solo me hizo perder dinero. Me expuse y quedé en ridículo". Sin embargo, algo en lo más profundo de mi ser me decía: "Todo lo que hiciste, lo hiciste bien". Me puedo arrepentir de haberla hecho, pero el remordimiento hubiera sido mucho mayor si no lo hubiera intentado, si no hubiera tomado el riesgo.

Sabía que me había jugado el todo por el todo y que había sido derrotado. Mi ego estaba hecho pedazos y oscilaba entre la culpa, la vergüenza, la impotencia y la rabia. Era como un constante auto-flagelo del cual no sabía cómo escapar.

Cuando leí el articulo me sentí señalado, como si fuera un ludópata jugando y apostando compulsivamente. Había sido una necesidad, casi una urgencia, como una manifestación artística que deseaba salir a la luz desde que era niño. Mi mente siempre ha funcionado en una forma abstracta, intuitiva. Pocas veces he analizado las decisiones antes de tomarlas. Ya que para mí el exceso de análisis se convierte en parálisis y yo prefería moverme, aventarme, arrojarme.

Con el tiempo me di cuenta que había hecho lo correcto y que el fracaso ya no era tal: había sido una experiencia vivencial. Y que no había cometido ningún error. Cuando yo hablaba del proyecto de hacer una película mucha gente me decía que estaba loco, que no era posible, que eso se lo dejara a los actores y productores de Hollywood. Me decían que quién era yo para hacer una producción cinematográfica. No era que yo quisiera demostrar a la comunidad o al mundo quién era yo, ni siquiera quería demostrarme nada a mí mismo, sino que mi deseo más profundo era enfrentar a mis miedos más arraigados.

Toda esta reflexión me hace recordar también el momento en que por primera vez me subí a una plataforma elevada en una alberca. Después de subir las escaleras y viendo la distancia que había hacia el agua me paralicé y consideré bajar de nuevo. Pero sabía que si lo hacía me iba a quedar bloqueado al pensar qué hubiera pasado si me lanzaba al vacío. Por lo tanto, decidí arrojarme al agua.

Recuerdo el miedo y el golpe al chocar en el agua, me dolió. Pero la sensación de triunfo fue incomparable. Así he vivido mi vida, intentándolo, arriesgándome, triunfando y fracasando. Hoy estoy seguro de que el peor riesgo que puedes tomar es no tomar ningún riesgo. Quedarte con la incógnita de lo que pudo haber pasado si te hubieras atrevido. Hoy puedo decir que no me arrepiento de nada de lo que he hecho y no me arrepiento de haber hecho la película porque tengo la satisfacción de que lo intenté.

Quiero compartirle al mundo que, a pesar del miedo, éste se puede trascender. Y que para poderlo trascender no hay otra cosa más que lanzarte al abismo.

Vivir con Coraje

Para tomar riesgos en la vida, como lo hice con mi película, hay que tener coraje. En su poema *La naturaleza ama el coraje*, Terence McKenna escribe que la persona se fija un compromiso en la vida y la naturaleza responderá a ese compromiso removiendo obstáculos imposibles.

"La naturaleza ama el coraje", dice McKenna. Es decir, te invita a emprender ese sueño imposible y el mundo no solo se abrirá bajo tus pies sino.. ¡te hará despegar! Para mí ésta es la danza chamánica en la cascada. Así es como se hace la magia, dejándote caer en el abismo y descubrir que abajo te espera una cama de plumas.

El coraje está en nuestra naturaleza humana. Es parte de nuestro espíritu. Si no lo expresamos en una forma sana podríamos implotar. Si nos lo tragamos se puede convertir en depresión o angustia. Incluso podría somatizarse apareciendo en síntomas físicos.

El coraje hacia dentro es como un flagelo en el silencio. Y se puede convertir en pena, culpa o vergüenza sobre todo si lo niego, si no comienzo por aceptarlo. Para fuera libramos la furia hacia otros, usualmente con los más cercanos. Con aquellos que nos aceptan y nos quieren o cuando estamos en una posición de poder prestado. Un poder del ego, voluble, volátil y pasajero.

Cuando se domina y se aprovecha se transmuta en valor para tomar las riendas y convertirlo en luz, en la verdad de Dios, del Ser, del Espíritu y la Divinidad. Tenerlo —ejercerlo— nos ayuda a comprender que el universo es bueno y nos apoya para poder trascender la oscuridad y convertirnos en Luz.

Si sentimos coraje, hay que aceptarlo, hay que abrazarlo. Podemos sacar provecho de él para usarlo como una fuerza vital. Podemos acudir a él para dirigirlo hacia la creatividad. Además nos puede vincular con la resiliencia y el estoicismo. Si lo utilizamos con una actitud positiva lograremos hacer grandes cosas.

Para las personas que se encuentran en el camino del desarrollo humano es difícil sentir coraje, pareciera que por ser una persona espiritual tenemos prohibido sentir coraje. Sin embargo, aun y que seas una persona con entendimiento espiritual, también puedes ser corajudo. No tienes por qué reprimirlo. Al contrario, alinea esa energía con la energía universal, eso se traduce como el verdadero empoderamiento.

En su libro *El Asiento del Alma*, Gary Zukav nos comparte que cuando la personalidad está al servicio del alma y del espíritu se manifiesta como el verdadero empoderamiento. Cuando la personalidad está al servicio de alma, de Dios, nada ni nadie te puede detener.

Como ser espiritual no significa que no sientas las emociones. Ser espiritual es aceptar tu humanidad, tu ser, tus áreas de oportunidad. Es perdonar la ignorancia del ego. Es acceder al entendimiento, aunque duela. Nos permite despertar a nuestro verdadero ser y a la verdad.

Cuando nos encontramos en una posición de poder del ego nos enfrentamos a un poder falso, un poder que se encuentra fuera del verdadero ser. Se llega a representar en la compilación de objetos externos, dinero, fama, obsesiones. Y que cuando se acaba todo eso, el poder se esfuma. Al estar desalineados con la verdad, el poder del ego es frágil, falso. Se quiebra fácilmente. No perdura. Se mantiene mientras exista una referencia externa.

Por más doloroso que sea, hay que tocar fondo. Atrevernos a entrar de lleno con valentía a la noche oscura del alma. Una vez que se toca fondo, los días del ego están contados. Habrá momentos en la vida, en que se necesita tocar ese fondo para verificar la verdad de Dios. Para reconocerlo, ya que solo Él nos puede rescatar. El ego ya no puede.

El poder del ser, el poder del alma es perenne, no cambia. Se mantiene sólido y silencioso. Comprender que el universo es bueno y nos apoya para poder trascender la oscuridad y convertirnos en luz. Que habrá momentos que sentimos que nuestra existencia está totalmente colapsada, pero que es la oportunidad más grande que nos regala la vida para evolucionar y convertirnos en nuestra mejor versión. Que ese nuevo ser que siempre había habitado en nosotros nos pedía a gritos manifestarse, pero que por la obstinación y la tenacidad del ego no lo liberábamos. Literalmente el ego se jactaba, aunque fuera en apariencia de tener al espíritu prisionero.

Una vez que se desmantela, deja de luchar, no le queda otra. Una vez colapsado, no queda más que pedir ayuda a alguien superior y dejar que ahora la vida nos estire, sin tenernos que esforzar y confiados en que Dios nos ayudará.

Con esta experiencia de pedir verificamos la existencia de Dios, del Ser. Llegamos a comprender que el verdadero éxito es mirar hacia dentro y que, al poderlo observar, aceptar y conciliar logramos que nuestra realidad cambie dramáticamente por saber merecer, por aceptar vivir en plenitud y en abundancia y no sentir culpa, sino agradecimiento.

Marianne Williamson nos comparte *que debemos aceptar que no le tenemos miedo a ser inadecuados, sino a reconocer el inmenso poder que está dentro de nosotros.*

Somos seres de luz capaces de alcanzar todo lo que deseamos y merecemos. Cuando tomamos las riendas del coraje, lo transmutamos en poder para lograr grandes cosas, más allá de nuestra propia imaginación, más allá de nuestros sueños más descabellados.

Alcancemos la capacidad de perdonarlo todo, de agradecer lo bueno y lo malo. Alcancemos a comprender que somos seres espirituales viviendo una experiencia humana con sus defectos y sus errores. Démonos cuenta que en esos errores, en esas fracturas, será por donde entrará la luz de Dios.

El agradecimiento es la clave, es la magia para acceder a la energía, a la bondad y a la abundancia del universo para acceder a los milagros. El agradecimiento nos sitúa en el aquí y en el ahora, en el campo, en la brecha, en el espacio de todas las posibilidades, todo lo que desees.

En el tiempo pasado habita el resentimiento del ego que no quiere soltar para confundirte, para hacerte vivir en el remordimiento, en el *hubiera,* en un purgatorio y pantano que no te permite avanzar. En el resentimiento, al no perdonar, se robustece la tenacidad del ego y mientras te acordone en el *hubiera* te tendrá encarcelado en el pasado.

Recuerda: Mientras estés ilusoriamente en el pasado es imposible vivir el presente. El presente es un regalo en donde reside Dios y hay que vivirlo con coraje. Al estar alineados con la voluntad divina, nuestras posibilidades se vuelven infinitas.

Fragmentos

De mi cosecha de la vida

Fracasa: para los jaguares de la vida

Fracasa, fracasa, pero inténtalo. Solamente fracasa el que no intenta. No hay peor derrota que no arriesgarse. El que te critica es un cobarde que quiere hacer lo que tú haces y no se atreve. Vienes a este mundo a jugar el juego de la vida, no vienes de espectador. Así que fracasa, puede que te rompan tu madre, pero puede ser que tú se las rompas también, así que fracasa, fracasa, pero vuélvete a levantar, vienes a jugar el juego de la vida y vienes a triunfar.

Compártenos tu luz

No estás compartiendo para que te aprueben, no estás compartiendo para caerles bien a todos. Es imposible caerle bien a todos. No estás compartiendo por los *likes* ni por los aplausos. Comparte, compártenos tu voz. El mundo te está esperando para que nos deslumbres con tu luz. No te detengas, deja tu huella, fractura el universo, estás escribiendo tu propia historia.

Reclama tu poder vía el perdón

Escuché una definición del perdón que te quisiera compartir. Perdonar es renunciar categóricamente a que el pasado pudiera haber sido diferente, aceptar que el pasado no lo puedo cambiar. Tú no sabías que esa inversión no te iba a funcionar, tampoco sabías que el negocio que iniciaste se iba a colapsar. No sabías que tu relación de amor se iba a quebrar, comprender que en ese momento parecía una buena idea. El perdón te permite reclamar tu poder, pero eso no significa que te pongas frente al tren para que te vuelvan a atropellar

Crisis y metamorfosis

La palabra crisis comparte su raíz etimológica con crisálida, alude a la metamorfosis y la transformación. Cuando la mariposa sale de la crisálida tiene que ejercer toda su fuerza y todo su poder para poder romper ese estado natural y así abrir las alas y volar; Einstein decía: "La crisis es la mejor bendición que puede sucederle a personas y países porque la crisis trae progresos". Esto es, la creatividad nace de la angustia, así como el día nace de la noche oscura.

Solo por existir, ya eres un triunfador

No te compares con otros, no te compares con el millonario ni con el que tiene un carro deportivo con quién sabe cuántos caballos de fuerza. No te compares con la estrella de cine que se sacó el Óscar. No te midas con el éxito de los demás. Mídete contigo mismo, no te rindas. Así como eres ya estás completo, la vida es suficientemente desafiante. Solo por vivir, por existir, ya eres un triunfador.

Los locos cambiamos al mundo

Cuando despiertas la conciencia en una sociedad dormida te van a tachar de loco. Te van a tratar de censurar, así que defiende tu ideal con toda tu locura. Los locos somos los innovadores, los valerosos, los revolucionarios, los locos somos los que cambiamos al mundo.

Salte de la zona de confort

En una ocasión hace muchos años mi padre me dijo: Salte de la zona de confort. Cuando vas para arriba lo sabes porque te está costando esfuerzo, cuando vas para abajo ni cuenta te das y para cuando te acuerdas ya te estrellaste. Cuando es momento de cambiar el universo te va a arrinconar, te va a incomodar hasta que cambies. Nada bueno sale de la zona de confort. Te va a atrofiar emocional y espiritualmente hasta dejarte completamente inhabilitado. Salirse de la zona de confort es incómodo, es peligroso, duele, pero cuando te sales de ella y triunfas te va a saber a gloria.

La noche oscura del alma

La noche oscura del alma es un periodo de una profunda desesperación existencial. Pareciera que nuestra vida pierde todo el sentido. Nos sentimos solos, desesperanzados, consumidos por una profunda melancolía. Puede ser disparada por una pérdida sentimental, un fracaso o una pérdida económica. Nuestra vida se siente completamente colapsada. Sin embargo, la noche oscura del alma posee un inmenso potencial. Si se reconoce nos invita a dejar de ver el exterior como el causante de esta crisis existencial y profundizar en nosotros mismos, retirar las capas del ego y reconocer a nuestro verdadero ser. La noche oscura del alma es el equivalente a una purificación por fuego para eventualmente resurgir de las cenizas, y una vez que se trasciende nos permite reclamar nuestro verdadero poder.

Los rostros del miedo

El miedo tiene muchos rostros: miedo al abandono, al rechazo, al ridículo, a quebrar, a enfermarse, a fracasar o a morir. En mi experiencia el miedo tiene dos vertientes: o me paraliza o me suministra el coraje para poder trascender. Franklin D. Roosevelt, cuatro veces presidente de Estados Unidos, escribió: "A lo único que hay que temer es al miedo mismo".

La tenacidad frente a la obstinación

La tenacidad es una fuerza que nos impulsa con empeño y sin desistir a lograr un objetivo; sin embargo, la obstinación es el mantenimiento excesivamente firme de una postura sin considerar otra posibilidad. Albert Einstein decía: "Locura es hacer la misma cosa una y otra vez esperando obtener resultados diferentes". No podemos salir de una crisis con el mismo estado de conciencia que nos llevó a ella.

Bendición Náhuatl

Yo libero a mis padres de la sensación de que han fallado conmigo.

Yo libero a mis hijos de la necesidad de traer orgullo para mí para que puedan escribir sus propios caminos de acuerdo con lo que sus corazones susurran todo el tiempo en sus oídos.

Yo libero a mi pareja de la obligación de complementarme, no me falta nada; aprendo con todos los seres todo el tiempo. Agradezco a mis abuelos y antepasados que se reunieron para que hoy yo respire la vida. Los libero de las fallas del pasado y de los deseos que no cumplieron, conscientes de que hicieron lo mejor que pudieron para resolver sus situaciones dentro de la conciencia que tenían en aquel momento. Yo los honro, los amo y los reconozco inocentes. Yo me desnudo el alma delante de sus ojos; por eso ellos deben saber que yo no escondo ni debo nada más que serle fiel a mi ser y a mi propia existencia. Que caminando con la sabiduría del corazón soy consciente de que cumplo mi proyecto de vida, libre de lealtades familiares, invisibles y visibles que puedan perturbar mi paz y mi felicidad que son en verdad mis únicas responsabilidades.

Yo renuncio al papel de salvador, de ser aquel que une o cumple las expectativas de los demás, aprendiendo a través y solo a través del amor. Bendigo mi esencia, mi manera de expresarme, aunque alguien no me pueda entender. Yo me entiendo a mí mismo porque solamente yo me conozco, sé quién soy, lo que siento, lo que hago y porqué lo hago. Yo me respeto y me apruebo. Yo honro la divinidad en mí y en ti.

Somos libres

Alma Rebelde

Mi alma es guerrera, aventurera y arriesgada. Mi alma es rebelde y voluntariosa muy a pesar de mi miedo. Cuando mi alma navega se aleja de la orilla y se adentra a lo hondo a los lugares ignotos. Le gusta la vida, la vida en extremo. He sido de todo, he sido el verdugo y el ajusticiado, he sido un borracho y he estado limpio; mi alma viaja, vuela, aprende y regresa, escudriña valiente sus códigos divinos para regalarme su sapiencia.

He sido cruel y compasivo. Abrazo la vida con sus colores, conozco la luz y conozco la sombra. A eso bajó mi alma, a vivir la exquisitez y la vulgaridad. Mi alma ha vivido el cielo y el infierno, caminando en la línea limítrofe del purgatorio. He traicionado y me han traicionado, pagué mi karma y estoy en paz. He sido rico y también paupérrimo. Mi alma es arrojada, arrebatada, frisando en la temeridad; eligió este cuerpo y esta mente a veces cobarde, la mayoría de las veces valerosa y corajuda.

He reído y he llorado, he sufrido y he gozado, he querido y detestado, he luchado y me han derrotado pero me he levantado y también he triunfado. He sido un apátrida y ciudadano del mundo, un paria y un aristócrata. He sido estoico y desesperado, espartano y desobligado.

Mi alma es inquieta, no se detiene. A pesar de que la mente la frena no se rinde y se escapa. Mi alma es histriónica, prefiere jugar que ser pasiva. Mi alma conoce a Dios y sabe que el camino a la luz no es *"pa' arriba"*, es *"pa' adentro"*

Mi alma está vieja, pero no claudica. Quiere aspirar hasta el último aliento.

La co-dependencia: una prisión

La co-dependencia implica desestimar, negar completamente nuestras emociones y nuestros sentimientos, favoreciendo las emociones y sentimientos de lo otra persona. El co-dependiente literalmente se está abandonando, menospreciando, dejándose atropellar por miedo a quedarse solo o sola; pareciera ser como un secuestro, como una prisión emocional a merced del carcelero. Este tipo de personas llega a desarrollar el Síndrome de

Estocolmo vinculándose positivamente con su captor como respuesta al cautiverio.

La co-dependencia te despoja de todo: de tu dinero, de tu salud emocional, de tu paz, de tu salud mental y hasta de tu dignidad. El co-dependiente es víctima del narcisismo de la otra persona, constantemente en un estado de alerta para que la otra persona no se enoje y se vaya. Es susceptible a los vaivenes emocionales de la otra persona, convirtiéndolo en víctima fácil para poderlo manipular. Solamente tú tienes la llave para salir de este cautiverio emocional y alcanzar el coraje necesario para poder escapar.

La imperfección de nuestra humanidad

En una mente rigorista, inflexible o refractaria es muy difícil que se pueda permear un conocimiento nuevo. Uno de los miedos más fuertes que puede tener el ser humano es el temor a equivocarse. Esto muy a menudo sucede en un ambiente familiar que ha favorecido el perfeccionismo como un estilo de vida. Al desconocer y soslayar nuestra imperfección negamos completamente nuestra humanidad. Una mente perfeccionista es una mente cristalizada, refractaria, congelada. Al reconocer y reclamar nuestra humanidad falible podemos permitir que a través de esa fractura brille la luz de un entendimiento nuevo.

Nada es personal

Don Miguel Ruiz, el autor de *Los Cuatro Acuerdos,* nos propone no tomarnos nada personal, un principio fundamentado en la filosofía tolteca. No hacernos correspondientes de la opinión o de la forma de conducirse de otras personas es una decisión fundamental para no conectar con la energía negativa de otros. La crítica de otros no tiene absolutamente nada que ver con lo nuestro, está hablando de él o de ella porque somos un reflejo de lo que en realidad ellos tienen, de lo que los identifica, siendo esto proyectado en nosotros. Si te dicen "envidioso" o "envidiosa" es esa persona quien tiene la envidia. De otra manera no podría identificar esa emoción. Si te dicen que eres un "corajudo", que eres "irascible", es lo mismo: él o ella lo proyecta. Es más, no podemos tomar personal ni siquiera lo que dice nuestra propia mente porque puede llegar a ser hostil y juiciosa. Para poder liberar la tenacidad de mi mente no me corresponde querer conectarme con la opinión de los demás.

Ho'oponopono

La corriente hawaiana del ho'oponopono nos invita a perdonar con cuatro sencillas frases: "lo siento, perdóname, gracias, te amo". Nos exhorta a desde el consciente hacer contacto con el inconsciente o la niña interior y desde la adultez pedirle perdón y manifestarle: Perdóname no sabía que estabas asustada, que tenías miedo. Desde mi madurez te digo que te entiendo, que te comprendo y que te puedo contener. Que ya no eres esa niña vulnerable, incapaz de enfrentar la vida. Dejemos que el consciente haga contacto con el *supra-consciente*, el poder superior, para que borre esas memorias y las pueda sanar.

Epílogo

Hoy soy un hombre pleno. He pasado por mucho y no lo veo como una condena sino como un proceso que tuve que vivir para convertirme en la persona que soy ahora. Cuando empecé a escribir este libro no tenía una idea clara de su resultado final. Ahora estoy seguro que lo tenía que redactar, no solo para sanar como ser humano y espiritual, sino también para dejar un testimonio vivo de enseñanzas que pudieran beneficiar a alguien más.

Creo que hay alguien que se puede beneficiar con mi historia. Es una de narrativa apasionada, en muchas ocasiones arrebatada que quiero compartir con quien tenga en sus manos este libro y afirmar que a pesar de los miedos, la crítica, el escarnio o la burla es posible trascender con el coraje y la determinación de lanzarse al vacío con la confianza de que el universo nos respaldará.

Mi sentir es de gratitud. Agradezco la vida con todos sus matices, con sus alegrías y sus tristezas, con el gozo y el sufrimiento, con la oportunidad del cambio y la transformación. Agradezco todo lo bueno y lo malo. Gracias a los que me han acompañado y a los que se han ido.

Gracias a mi alma por haber escogido venir. Gracias a mi ego porque sin él no pude haber aprendido.

Gracias al alcoholismo porque me llevó a tocar las puertas del infierno y un día a la vez he podido trascender solo por la gracia de Dios. A veces me reconozco como un niño asustado. Hoy lo consuelo y le digo: "Yo te comprendo, no estás solo. Siempre te voy a cuidar".

Si realmente quieres hacer algo en la vida es porque tu alma te está diciendo que lo hagas. No sin miedo, pero sí con el coraje de poderlo trascender. Es posible que tengas miedo, pero con coraje todo se puede alcanzar y manifestar.

Cada quien diseña su destino, cada quien escoge lo que viene a vivir. Esta vida es un instante que bajo mi entendimiento se debe vivir a tope, apasionado y enamorado por más difícil que se ponga. Somos almas valientes que venimos a experimentar las emociones, las gratificantes y las terribles.

Dios es el escultor y nosotros somos sus obras. Él, Ella, aprende con nosotros. Nos cuida y nos admira por el arrojo que tuvimos al decidir venir a esta vida. Cada uno de nosotros estamos en este plano porque decidimos vivir esta aventura. A veces duele estar tan vivo, tan despierto. Confía siempre.

No hay lugar para la victimización o la conmiseración. Solo queda la responsabilidad y la aceptación de que mi entorno es producto de mi interior, de mi conciencia. Que no debo culpar a nadie de mis fracasos. La responsabilidad es solamente mía, no hay nada afuera.

Soy humano y he cometido errores a lo bestia; son míos y son mis maestros. Trato de no regodearme en ellos, de no caer en la culpa y el resentimiento. Reconozco que son parte inherente mía como ser humano y que son fundamentales para poder aprender, para poder evolucionar.

La conciencia y la evolución implican un trabajo fuerte, constante. No ofrece espacio a la distracción porque salirse de ello tiene un alto costo. No sé qué sigue en mi vida de ahora en adelante y no me importa porque si algo he aprendido es que no controlo nada, que estar en la incertidumbre es mi mejor regalo pues en ella habita Dios.

Ésta es mi elección: Vivir en la angustia por no saber lo que viene o dejarme sorprender por la vida misma. Hay veces que creo que ya la armé, que ya entendí todo, cuando la realidad es que no sé nada. A veces estoy en paz y otras siento que estoy perdiendo la cordura, pero sé que todo pasa y que al final nunca pasa nada, que mi mente no descansa y puede fabricarme historias como una película de terror.

Me han regalado trascender mis peores miedos: el secuestro, la quiebra, el cáncer y el abandono. Y a pesar de todo sigo aquí, sigo vivo. A veces me olvido que no vengo a demostrar nada, ni a competir o a destacar. Solo vengo a vivir.

Antes de terminar este libro me preguntaba quién era Dios. Trataba de intelectualizarlo y con mi mente jamás había obtenido respuesta. Puedo decir que no lo entendía, que a veces no lo comprendía y me resentía con Él. Ahora puedo decir que sí lo conozco porque lo veo en los ojos de mis nietos: Andrea, Pablo y Joaquín. Al verlos crecer y jugar no puedo dudar de la existencia de Dios. Lo constato al verlos aprender a sonreír, a caminar y hablar. Mi existencia misma es mi mejor prueba de que Dios SÍ existe y me ama porque me dio la oportunidad de vivir.

Me tocó cortar el sufrimiento de mis ancestros y el mío mismo. Me correspondió el trabajo de cortar con múltiples vidas ahogadas en secretos, desprenderme del árbol genealógico y sembrar el propio, uno con más luz.

Me tocó desapegarme de las memorias de los antepasados y aceptar que cada quien vivió o sobrevivió con el estado de conciencia que escogió.

Estoy agradecido con la vida, con mi prójimo y con Dios. Hoy estoy listo para morir, regresar a Él y decirle: "Misión cumplida, aprendí a vivir en la Verdad".

Agradecimientos

Escribir este libro no hubiera sido posible sin el apoyo de mi familia, de queridas amistades y de muchos amigos más. Con cada uno de ellos estoy agradecido porque en determinada etapa de mi existencia participaron de algún modo en mis diferentes procesos de crisis, de sanación y crecimiento personal. A todos ellos les digo: ¡Gracias! Y con este libro les doy un reconocimiento público por su puntual ayuda, por su sabio consejo o por aquel simple empujón de ánimo en ese momento preciso en que lo necesitaba.

Gracias a mis padres y a mis hermanos por insistirme en "bajar" otra vez a este plano porque aunque no quería todavía faltaba aprender. Gracias a mi hermano por ser mi guardián. A mis compañeros —todos unos maestros terrenales— que me impulsaron a emprender mi carrera como consultor. Gracias a Erminia por sus enseñanzas y a Martín, mi protector, en esa odisea que vivimos en las selvas de Perú hace algunos años.

Gracias a Rogelio Guerrero por aventarme al ruedo y a Joe por bautizar este gran espacio de podcasting que ahora tengo: El Sillón de Manuel. A Ximena Herrera por la paciencia y las horas de acompañamiento. Gracias a Lorena Carrillo por la sesión de fotos y por sacar mi esencia. A mi amigo Toño Ramírez por ayudarme a configurar el libro digital y su impresión. Gracias a Renata Herrera por su apoyo silencioso y a Mauricio Herrera por su inmensa sabiduría, por desternillarme de la risa y por enseñarme que, hasta en el peor de los dramas, te salva el humor.

Gracias a Lily Pierce por sacarme del claustro y convencerme de compartir mis experiencias y vivencias en público. Gracias a Annette Manautou por insistirme que aunque no quisiera tenía que salir a la luz. Gracias a Cuauhtémoc por la ayuda, por su compañía y las aventuras en Londres. Gracias a Gustavo Barza Barba, por tantos años de caminar juntos.

Gracias a Sergio Avilés por haberme dicho que para escribir un libro iniciara con la primera palabra. Gracias a Homero Hinojosa por ordenar y terminar de editar este libro, por darle coherencia y sentido a mi discurso caótico. Gracias a mis hijas por escogerme como papá y a mi esposa por siempre estar.

Bibliografía

Cameron, Julia. (2019). *El camino del artista*. Madrid, Aguilar.

Dyer, Wayne W. (2011). *El poder de la intención*. México. Penguin Random House Grupo Editorial SA de CV.

[1] Hawkins, David R. (2003). *El poder contra la fuerza*. Carlsbad, CA. Hay House, Inc.

Kribbe, Pamela (2008). *The Jeshua Channelings: Christ consciousness in a new era.* Trenton, GA. Booklocker.com, Incorporated.

McKenna, Terence. *La naturaleza ama el coraje* (cita).
https://www.etsy.com/mx/listing/1446603244/la-naturaleza-ama-el-coraje-cita-de

Ruiz, Miguel (1999). *Los Cuatro Acuerdos: Una guía práctica para la libertad personal.* San Rafael, CA. Amber-Allen Publishing

Zukav, Gary (2008): *El asiento del alma.* Barcelona, Ediciones Obelisco.

Made in the USA
Columbia, SC
16 June 2024